Gewerkschaften in der

Postdemokratie

Gewerkschaften in der Postdemokratie

Welche Herausforderungen ergeben sich für deutsche Gewerkschaften aus der Postdemokratisierung der Gesellschaft?

Henrik Drozd

Bibliografische Information der Deutschen Nationalbibliothek:
Die Deutsche Nationalbibliothek verzeichnet diese Publikation
in der Deutschen Nationalbibliografie; detaillierte bibliografische Daten sind im Internet über dnb.dnb.de abrufbar.

© 2022 Henrik Drozd

Herstellung und Verlag: BoD – Books on Demand, Norderstedt

ISBN: 978-3-756-233-663

Inhaltsverzeichnis

1. Einleitung

„Selbstverständlich sind die Gewerkschaften ein wichtiger Kern der Demokratie. Eine Demokratie braucht die Gewerkschaften. Allerdings haben die Gewerkschaften einige Schwierigkeiten" (Crouch Interview 2013).

Im Jahr 2008 forderte die IG Metall in der damaligen Tarifrunde eine achtprozentige Lohnerhöhung. Dieses ehrgeizige gesetzte Ziel konnte die Gewerkschaft jedoch nicht verwirklichen. Statt den geforderten acht, konnte die IG Metall nur eine Lohnerhöhung von 4,2 Prozent gegen die Arbeitgeber durchsetzen. „Doch wer mit einer Acht-Prozent-Forderung als Tiger in die Auseinandersetzung geht, sieht sich [...] doch allenfalls als Kater auf den Boden der Tatsachen zurückgeholt" (Dörre 2008, S. 95) kommentiert der Wissenschaftler Klaus Dörre. Laut ihm liegt die Ursache hierfür in der strukturellen Schwäche der Gewerkschaften, deren Ursache die Postdemokratie nach Colin Crouch sei (Vgl. ebd. S. 95).

Crouch beschreibt die Postdemokratie als einen Zustand, in dem demokratische Institutionen formal bestehen blieben und zum Teil sogar ausgeweitet werden würden. Die demokratischen Verfahren und Regierungen entwickelten sich jedoch rückwärtig. So hätten sie im Verlauf der postdemokratischen Entwicklung der Gesellschaft Formen angenommen, welche typisch für vordemokratische Phasen der Geschichte seien. Demnach hätten privilegierte ökonomische Eliten politischen Einfluss gewonnen und die Macht globaler Unternehmen wachse stetig (Vgl. Crouch 2008, S. 13).

So stellte Crouch in einem Interview fest, dass das letzte Jahrhundert von der Trennung zwischen Politik und Wirtschaft geprägt gewesen sei. Im Gegensatz dazu vermische sich heute alles und die Grenzen zwischen eben diesen gesellschaftlichen Bereichen seien nunmehr fließend. In der Vergangenheit sei demnach die Politik viel unabhängiger von äußeren Einflüssen gewesen (Vgl. Crouch Interview 2013).

Hierdurch werde die Egalität der Gesellschaften mit der eigenen Ohnmacht konfrontiert, da sie gegen diese Vorgänge wehrlos erscheine (Vgl. Crouch 2008, S. 13). So würden in postdemokratischen

Gesellschaften zwar weiterhin Wahlen abgehalten und Regierungen gebildet. Die Wahlkämpfe würden jedoch von professionellen Public Relations-Fachleuten und Medienberatern derart kontrolliert werden, dass sie zu reinen Medienspektakeln verkämen. So würden nur Inhalte im Wahlkampf behandelt, die zuvor von den Experten selektiert wären. Den meisten Bürgern käme in der Postdemokratie eine stumme oder apathische Rolle zu. Sie würden zunehmend passiv werden und reagierten lediglich auf die Signale, die ihnen gegeben werden, ohne diese kritisch zu hinterfragen oder eigene Interessen zu verfolgen. Dabei entstehe eine politische Inszenierung, die wirkliche Politik werde „hinter verschlossenen Türen gemacht" (Crouch 2008, S. 10). Hier triefen sich die Regierungen und die Eliten, welche sich besonders für wirtschaftliche Interessen einsetzen. Crouch betont, dass sein Modell der Postdemokratie eine Übertreibung sei (Vgl. ebd.).

Crouch beschreibt die Entwicklung der modernen Demokratie als eine Parabel. Ihren Scheitelpunkt habe diese parabelförmige Entwicklung der Demokratie erreicht als „populäre Bewegungen und Parteien, geführt von charismatischen durchsetzungsfähigen Persönlichkeiten" existierten (Reese-Schäfer 2012, S. 215f.). Der politische Stil dieser Personen habe dabei nicht immer dem von vorbildlichen Demokraten entsprochen, sie wurden jedoch von einer lebhaften und engagierten Massenbewegung getragen, die egalitaristisch geprägt gewesen sei. Seit diesem Zeitpunkt wandele sich die moderne Demokratie in ihrem parabelförmigen Verlauf und nehme eine negative Entwicklung an. Demzufolge wird davon ausgegangen, dass die Demokratie in westlichen Staaten bereits ihren Scheitelpunkt erreicht habe. Weiterhin könnten sich Elemente direkter demokratischer Beteiligung zwar noch ausbreiten und die innerparteiliche Demokratie gestärkt werden, die Idee der egalitären Umverteilung in der Gesellschaft würde jedoch zunehmend vernachlässigt werden. Ursachen hierfür seien zum einen der Rückgang des Anteils der Industriearbeiter an der Gesamtbevölkerung, sowie eine immer weiter globalisierte Wirtschaft. Dies führe dazu, dass sich Unternehmen nicht mehr durch nationalstaatliche Organe kontrollieren ließen. Ferner sei ein Rückgang der Mitgliedschaften und des Engagements in Organisationen mit politischen Zielen zu erkennen und die Wahlbeteiligung sei rückläufig.

Beides seien Kennzeichen für ein wachsendes politisches Desinteresse der Bevölkerung (Vgl. ebd. S. 216).

Es gäbe jedoch auch Entwicklungen, die dieser Diagnose widersprechen. Hierzu würden die vermehrte politische Kommunikation über soziale Netzwerke, politisiertes Einkaufsverhalten sowie die Forderungen nach mehr Bürgerentscheiden und Meditationsverfahren zählen. Durch das Verständnis der Postdemokratiethese und ihrer Unterscheidung zwischen aktiven und passiven Bürgern entstehe durch diese Entwicklungen ein anderer Eindruck. So führten diese Forderungen zu einer Steigerung der postdemokratischen Tendenzen in der Gesellschaft. Grund hierfür sei, dass beispielsweise die Beteiligung an Volksabstimmungen noch stärker vom sozialen Status einer Person abhinge als dies bei üblichen Wahlen der Fall sei. So gelte, dass Personen mit einem höheren Bildungsgrad sowie Einkommen eher an einer Volksabstimmung partizipieren als Personen mit geringerem Einkommen oder einer geringeren Bildung. Dies gelte ebenfalls für andere alternative Formen der politischen Partizipation (Vgl. Eberl, Salomon 2017, S. 3). So entstünden durch die Einführung von Volksabstimmungen mehr und vor allem direktere Partizipationsmöglichkeiten, aber faktisch nehmen diese nur Personen wahr, die sowieso schon über einen privilegierteren sozialen Status verfügen. Durch die Einführung solcher direkteren Verfahren würde sich das Einflussungleichgewicht also noch weiter verschieben.

Die größte negative Beeinflussung durch postdemokratische Entwicklungen scheinen Arbeitnehmer zu erleiden. Durch die wachsende politische Macht ihrer Arbeitgeber, würden jene immer mehr Mitspracherecht bei der politischen Gestaltung des Arbeitsmarktes und des Sozialstaats gewinnen. Dies geschehe zu Lasten der Arbeitnehmer. So werden durch die Postdemokratie soziale Ungleichheit und politische Ungleichheit zu Synonymen voneinander (Vgl. Eberl, Salomon 2017, S. 2).

Als Vertreter der Interessen von Arbeitnehmern spielen Gewerkschaften in diesem Zusammenhang eine besondere Rolle. Ihnen obliegt es, den Arbeitgebern gegenüber, die Interessen der Arbeitnehmer zu vertreten und durchzusetzen. Somit sind sie ein wichtiger Akteur, wenn es um postdemokratische Entwicklungen in Deutschland geht, da wie dargelegt, die Unternehmen an Einfluss gewinnen und die Arbeitnehmer am stärksten von dieser Entwicklung betroffen sind. Als solcher Akteur stehen sie in ihrer Funktion als Interessenvertreter durch die Postdemokratisierungstendenzen vor besonderen Herausforderungen.

Wie am Zitat zu Beginn dieser Arbeit deutlich wird, erkennt Colin Crouch die Bedeutung der Gewerkschaften für die Demokratie an. So gäbe es laut ihm viele Probleme in postindustriellen Gesellschaften, die ohne Gewerkschaften nicht von der Politik behandelt würden. Crouchs dystopische These zeichnet ein problembehaftetes Bild der aktuellen Demokratieentwicklung. Doch wenn die Gewerkschaften von einer so großen Bedeutung sind, welche Herausforderungen ergeben sich dann für sie aus der Postdemokratisierung?

Ziel dieser Arbeit ist, jene Herausforderungen der deutschen Gewerkschaften in einer postdemokratischen Gesellschaft aufzuzeigen.

Nachfolgend wird zuerst der Forschungsstand zu den Themenkomplexen Gewerkschaft und Postdemokratie dargelegt. Anschließend wird die aktuelle Lage der Gewerkschaften beschrieben. Dabei wird auch auf den rechtlichen Rahmen, in dem sie handeln erläutert. Im Anschluss daran wird analysiert, welchen Herausforderungen sich die deutschen Gewerkschaften durch die Postdemokratisierung stellen müssen.

2. Stand der Forschung

Der Forschungsstand zu dieser Arbeit setzt sich im Wesentlichen aus zwei Themen zusammen, die so bisher noch kaum miteinander verknüpft wurden. Diese sind die Gewerkschaften und das Konzept der Postdemokratie. Zum einen wird auf den Forschungsstand zum Thema Gewerkschaften eingegangen. Anschließend wird der Forschungsstand zur Postdemokratie dargelegt.

2.1. Gewerkschaften im Blick der Wissenschaft

Wie bereits dargestellt, spielen Gewerkschaften für postdemokratische Entwicklungen in Deutschland eine besondere Rolle. Grundsätzlich handelt es sich bei Gewerkschaften um

> „autonome Verbände (Koalitionen) von Lohnabhängigen, die sich zur Wahrnehmung und Durchsetzung ihrer Interessen sowohl im Betrieb wie allgemein in Wirtschaft und Politik zusammengeschlossen haben. Sie sind mit der Durchsetzung der kapitalistisch-industriellen Produktionsweise entstanden, gelten als die ursprüngliche Form der Arbeiterbewegung und stellen bis heute eine ihrer organisatorischen Säulen." (Lösche bei Esser 2014, S. 86)

Wolfgang Schroeder weist auf Konjunkturen hin, denen das Untersuchungsfeld der Gewerkschaften unterläge. Er stellt fest, dass zwischen 1946 und 2012 insgesamt 832 Dissertationen zum Thema Gewerkschaften verfasst wurden. Im Zeitraum von 1975 bis 1989 wurden 348 der 832 Arbeiten niedergeschrieben. Das entspricht einem Anteil von 41.8 Prozent der Forschungsarbeiten zu Gewerkschaften des gesamten Zeitraums von 1946 bis 2012. Mit 32 Arbeiten wurden 1982 die meisten Titel veröffentlicht. Inhaltlich stand bis in die 1980er Jahre die Rolle der Gewerkschaften im politischen System im Fokus der Forschung. Seitdem widmen sich die Veröffentlichungen vermehrt dem Umgang der Gewerkschaften mit dem veränderten gesellschaftlichen Umfeld. Häufig wird in solchen Arbeiten auf verschiedenen Ebenen behandelt, wie die Gewerkschaften mit aktuellen Schwierigkeiten umgehen und wieder aktiver werden könnten. Für die aktuelle Forschung stellt Schroeder zwei Entwicklungen fest. Eine Entwicklung ist, dass vermehrt auch die Perspektive der Arbeitgeberverbände in den Arbeiten Beachtung findet. Eine andere Entwicklung in der Forschung ist der vermehrte policy-Bezug. So wird sich der Rolle von Gewerkschaften in bestimmten Politikfeldern wie Arbeitsmarkt- oder Sozialpolitik zugewandt (Vgl. Schroeder 2014, S. 17f.). Schroeder zeigt auf, dass sich die meisten Arbeiten der Gewerkschaftsforschung mit Handlungsfeldern und politischen Inhalten der Gewerkschaften beschäftigten. Studien, die sich mit der inneren Organisation und Struktur von Gewerkschaften befassen, seien jedoch selten. Laut Schroeder wird beim Blick auf das äußere Umfeld von Gewerkschaften fälschlicherweise davon ausgegangen, äußere Zwänge und nicht die innere Verfasstheit oder interne Machtverhältnisse bestimmten maßgeblich das Handeln von Gewerkschaften. Des Weiteren gibt Schroeder an, es gäbe zwar zahlreiche gebrauchsorientierte Studien mit Bezug zu Gewerkschaften, es mangele jedoch an fundierter Grundlagenforschung (Vgl. ebd. S. 19).

Der innere Zustand der Gewerkschaften und ihre aktuellen Entwicklungen scheinen durch die Wissenschaft gut erfasst. So gibt es mehrere Arbeiten, die sich mit den aktuellen Herausforderungen, wie beispielsweise dem Mitgliederschwund der Gewerkschaften, beschäftigen. Hier ist als Beispiel das von Wolfgang Schroeder 2014 herausgegebene „Handbuch Gewerkschaften in Deutschland" zu nennen. Es beinhaltet zahlreiche Aufsätze zur Geschichte, zu den Entwicklungen und Herausforderungen der Gewerkschaften (Vgl. Schroeder 2014).

Ein weiterer Aspekt bei der wissenschaftlichen Auseinandersetzung mit Gewerkschaften ist die Mutmaßung des Gewerkschaftsstaates, welche in den 1970ern Bekanntheit erlangte. Laut dieser These, welche dem konservativen Spektrum entstammt, würden die Gewerkschaften zunehmend an politischen Einfluss gewinnen. Dieser Vorgang geht laut dieser Ansicht so weit, dass es zum „Verfall staatlicher Autorität" (Heinze 1981:1, S. 79) käme. Ein Zeichen für diesen Zuwachs an politischen Einfluss sehen die Vertreter dieser These darin, dass immer mehr Bundestagsmitglieder ebenfalls Gewerkschaftsmitglieder seien (Vgl. ebd.). Dieses Argument spricht laut Heinze jedoch nur dann für die Existenz eines Gewerkschaftsstaates, wenn diese Gewerkschaftsmitglieder eine eigene Fraktion im Bundestag bilden würden und wenn dem Parlament in der Gesetzgebung eine dominante Rolle zu käme. Beides sei nach Heinze nicht der Fall. Demnach kann man in der Bundesrepublik Deutschland nicht von einer Übermacht der Gewerkschaften sprechen (Vgl. ebd. S. 80). Mit der Perspektive des aktuellen Zustands der deutschen Gewerkschaftslandschaft kann man die Existenz eines solchen übermächtigen Gewerkschaftsstaates ebenfalls negieren, wie später aus der Analyse hervorgehen wird.

2.2. Forschungsstand zur Postdemokratie

> „Die Diagnose der Postdemokratie hat unabhängig davon, ob man der Postdemokratiebegriff als zeitdiagnostischer Begriff akzeptiert oder zurückgewiesen wird, ein Bewusstsein für die Gefährdung demokratischer Standards in etablierten demokratischen Systemen geschaffen und die Sensibilität für Phänomene gestärkt, die – ohne förmlich Außerkraftsetzung – auf individueller Ebene demokratische Rechte schwächen und auf institutioneller Ebene demokratische Verfahren aushöhlen. So wurde die Diskussion um Demokratie nachhaltig belebt und verändert." (Eberl/ Solomon 2017, S. 1)

Der große Einfluss der Postdemokratie auf den Demokratiediskurs lässt sich auch daran erkennen, dass einige Autoren die These der Postdemokratie zum Anlass nahmen, ihre eigenen demokratischen Entwicklungsszenarien auf sie zu beziehen. So hat Klaus von Beyme das Konzept der Neodemokratie als positiven Gegenentwurf zur Postdemokratie entwickelt (Vgl. von Beyme 2013).[1]

Ebenso nahm Ingolfur Blühdorn Crouchs These der postdemokratischen Wende zu Anlass, diese weiterzuentwickeln und die These der simulativen Demokratie aufzustellen. In dieser würden die Bürger so tun, als lebten sie demokratische Werte, aber interessierten sich

---

[1] Klaus von Beyme geht in seinem Werk auf neuere Entwicklungen der Demokratie, wie den Auswirkungen der neuen Medien und dem Wutbürgertum, Populismus und Extremismus ein. Ferner unterbreitet er Vorschläge zur institutionellen Entwicklung der Demokratie und dem Wahlrecht unterbreitet. So schlägt von Beyme eine Änderung der Parteienfinanzierung, Volksreferenden auf allen Ebenen und die Einführung von Vorwahlen amerikanischen Musters vor. Durch diese Schritte solle es gelingen, die Dystopie der Postdemokratie nach Crouch abzuwenden (Vgl. von Beyme 2013).

eigentlich nicht mehr für diese und setzten sich auch nicht für sie ein. (Vgl. Blühdorn 2013).[2]

Im Jahr 2021 veröffentlichte Crouch das Werk „Postdemokratie revisited". Hierin überprüft er die Thesen seines früheren Werkes „Postdemokratie" (Vgl. Crouch 2021). Außerdem erweitert er seine Aussagen und belegt sie durch aktuellere Ereignisse und Entwicklungen wie die globale Coronapandemie, die Finanzkrise von 2008, das Wachstum rechtspopulistischer Bewegungen sowie die europäische Schuldenkrise (Vgl. ebd. S. 71-206). Außerdem räumt Crouch zu Beginn seines aktuellen Werkes einige Fehler in seinem ersten Werk zur Postdemokratie ein. So hätte er sich zu sehr auf die von ihm als Augenblicke der Demokratie bezeichneten Momente konzentriert. Hierbei, so Crouch, hätte er die Institutionen vernachlässigt, welche die Demokratie auch in unruhigen Zeiten schützen. Außerdem habe er den fremdenfeindlichen Populismus nicht ausreichend beachtet. So sei ihm nicht aufgefallen, dass dieser nur oberflächlich eine Gegenbewegung zur Postdemokratie darstelle. Schaue man genauer hin, so führe dieser Populismus aber zu einer Verschärfung postdemokratischer Entwicklungen. Ein weiterer Fehler sei, dass er nicht erkannt habe, dass der Feminismus einige Elemente der politischen Agenda der schwächeren sozialen Klassen beinhaltet. So hätte er dem Feminismus bei der Bekämpfung der Postdemokratie eine wichtige Rolle zugesprochen, die Verbindung zu den sozialen Klassen jedoch nicht erkannt (Vgl. ebd. S. 10f.).

---

[2] Die Simulative Demokratie entstünde durch die Reproduktion von Narrativen, Diskursen und gesellschaftlichen Selbstbeschreibungen. Diese Reproduktionen würden Normen und Werte kultivieren und inszenieren, die für die von Crouch beschriebene Hochphase der Demokratie charakteristisch waren. So würden durch die simulative Demokratie Bereiche entstehen, in denen sich Akteure als souveräne und autonome Subjekte präsentieren und erleben können, die sie aber eigentlich nicht mehr sind. Die Gültigkeit demokratischer Werte und Normen wird also simuliert (Vgl. Blühdorn 2013)

2.3. Postdemokratie in Deutschland

Ludger Helms untersuchte in seiner 2010 veröffentlichten Arbeit, den Stand der Postdemokratie in der Bundesrepublik Deutschland. Hierzu legt Helms Crouchs Eigenschaften einer postdemokratischen Gesellschaft dar, und verglich diese mit dem aktuellen Stand in Deutschland. Insgesamt kommt Helms zu dem Schluss, dass es sich bei Deutschland nicht um ein postdemokratisches Land handele. Zugleich stellt er fest, dass es einige Gefahrenpotenziale gäbe, die auf gefährliche postdemokratische Entwicklung der Gesellschaft hinweisen (Vgl. Helms 2010, S. 224f.) Hierzu gehöre die wachsende Macht großer Unternehmen. Die Erkenntnis der Politik darüber hätte in Deutschland zur Etablierung von Verhandlungsformaten zwischen den Unternehmen und den privatwirtschaftlichen Akteuren geführt. Diese Praxis der vertraulichen und geheimen Verhandlungen werde schon seit langem als gefährlich beurteilt. Dies liege daran, dass solche Verfahren nicht demokratisch sind. Es mangelt sowohl an Transparenz als auch an parlamentarischer Kontrolle. Ferner drohe eine Missachtung des Gleichbehandlungsprinzips, sobald nur mit einem Akteur einer Wirtschaftsbranche verhandelt werde (Vgl. ebd. S. 211f.). In Bezug auf die von Crouch aufgeführte Neigung der Postdemokratie zu Privatisierung stellt Helms fest, dass dies für Deutschland im Vergleich nur in geringem Maße zutrifft. Dies liege zum einen an verfassungsrechtlichen Beschränkungen für Privatisierungsvorhaben, zum anderen aber mangelte es bis zum Ende der Bonner Republik in Bezug auf Privatisierungen an Einigkeit in der Regierungskoalition (Vgl. ebd. S. 212).

Als weiteres Merkmal der Postdemokratie führte Crouch auf, dass Parteien sich stark von großen Konzernen beeinflussen ließen. Hierfür findet Helms jedoch kaum konkrete Anzeichen. Zwar gäbe es Fälle von Korruption, jedoch lässt sich davon nicht auf ein strukturelles Versagen des Systems zur öffentlichen Parteienfinanzierung schließen (Vgl. ebd. S. 213).

Innerhalb der Parteien herrsche der Trend der Demokratisierung der Strukturen. So seien verstärkt Mitgliederbefragungen und -Abstimmungen bei Personalfragen eingeführt wurden. Diese hätten jedoch keine großen Auswirkungen. Insgesamt gäbe es sogar einen negativen

Trend der Strukturbedingungen der Parteiführungen (Vgl. ebd. S. 214). Ein weiterer Faktor sei die sinkende Mitgliederzahl der Parteien. So sind nur knapp 2 Prozent der Menschen, die zu einem Parteieintritt berechtigt sind, auch Parteimitglied. Im historischen Vergleich sei dies eine sehr geringe Quote. Studien über das soziale Kapitel in Deutschland kommen jedoch zu dem Ergebnis, das sich dieses nicht verändert habe (Vgl. ebd. S. 214f.).

Im Bereich der Medien stellt Helms fest, dass besonders im Tageszeitungsmarkt die Berichterstattung an Vielfalt verloren habe. So würden häufig Beiträge in verschiedenen Zeitungen direkt übernommen. Dies treffe insbesondere für die Lokalpresse zu. Für den Rundfunk gilt, dass insgesamt die Qualität der Berichterstattung durch die Nachrichtensendungen privater Medienanstalten stark gesunken sei (Vgl. ebd. S. 215-217). Eine Ursache hierfür sei die Unterhaltungsorientierung besonders der privaten Sender. Diese würden die Politik wie eine Ware behandeln, die sie anbieten möchten (Vgl. von Beyme 2013, S.39). So sei die Qualitätssicherung eine große Herausforderung für die Medienanstalten. Diese Kommerzialisierung der Medien habe auch Einfluss auf die politische Kommunikation. So gäbe es Veränderungen der Regierungskommunikation. Diese würden von der Akzeptanz neuer Medientypen und technischen Neuerungen bis zur Anpassung des Sprachgebrauchs und einen Ausbau der Selbstvermarktung reichen. Im Vergleich zu anderen Ländern sei der Personalisierungstrend in Deutschland nur gering ausgeprägt (Vgl. Helms 2010, S. 215-217).

Eine weitere Gefahr sieht Helms in der sinkenden Wahlbeteiligung. Diese betrug bei der Bundestagswahl 2009 nur 71 Prozent im Gegensatz zu Höchststand von 91 Prozent im Jahr 1972. Zwar stieg die Wahlbeteiligung 2017 wieder auf 76 Prozent an, doch auch dieser Wert liegt 15 Prozent unter dem Höchststand (Vgl. Bundeswahlleiter 2017). Ein Grund hierfür könnte der Mangel an inhaltlichen Wahlkampfthemen der Union sein, sowie eine zunehmende Angleichung der Parteien. Die abnehmende Wahlbeteiligung sei darüber hinaus auch eine Gefahr für das Gleichheitsprinzip. Dies läge darin begründet, dass besonders Menschen geringerer Bildung dazu tendieren, nicht zu wählen. So käme es zu einer Überrepräsentierung von bildungs- und einkommensstarken Bevölkerungsgruppen. Dies würde dadurch verstärkt, dass Politiker eher die Interessen von Wählern vertreten als die von Nichtwählern (Vgl. Helms 2010, S. 218).

Helms merkt ferner einige Entwicklungen an, welche nicht direkt von Crouch als postdemokratische Eigenschaften beschrieben wurden, die man jedoch der Postdemokratisierung zuordnen könnte. Hierzu gehörten zum einen die wachsende Verrechtlichung der Politik. Moderne Demokratien würden auf Rechten und Gesetzen beruhen, welche das gesellschaftliche Zusammenleben sowie die politische Verfasstheit bestimmen. Werden diese Gesetze jedoch zu präzise und lassen keinerlei Spielraum mehr, so leide darunter die Demokratie. Ursächlich hierfür sei, dass ein zu stark ausgeprägtes Rechtssystem nur noch kaum politische Veränderungen zuließe. Hinzu käme eine Steigerung des politischen Einflusses der Judikative. Dies gälte besonders für das Bundesverfassungsgericht. Ein weiteres Risiko birgt die europäische Integration. In ihrem Verlauf würde der europäischen Ebene immer mehr legislative Kompetenz zugesprochen. Im Gegeneffekt würden die nationalen Parlamente dadurch geschwächt werden (Vgl. ebd. S. 225f.).

Wie bereits zu Beginn dieser Arbeit erwähnt, sieht Klaus Dörre die Schwäche der Gewerkschaften als ein Produkt der Postdemokratisierung der Gesellschaft. So sei diese Schwäche darauf zurückzuführen, dass Menschen, die nicht der ökonomischen oder politischen Elite angehören, sich immer seltener einer klar definierten sozialen Klasse zuordnen könnten (Vgl. Dörre, S. 95f.).

3. Stand der Gewerkschaften in Deutschland

Laut Samuel Greef und Wolfgang Schroeder beruhe der Einfluss der Gewerkschaften auf den jeweiligen ökonomischen Bedingungen, ihrer Organisationskraft und den jeweiligen situativen Machtverhältnissen. Strukturiert werde dies alles durch die lang bestehenden Rechtspositionen. Zu diesen gehört „die Tarifautonomie, das Streikrecht, die betriebliche Mitbestimmung und die korporatistische [...] Beteiligung an politischen Entscheidungsprozessen" (Schroeder/ Greef

2020, S. 4). Mit Hilfe der Pfadabhängigkeitsthese [3] sowie der Machtressourcentheorie[4] ließe sich demnach erklären, warum die Gewerkschaften, trotz Mitgliederverlusten und organisationspolitischen Problemen, relativ stabile Akteure bleiben (Vgl. ebd.).

Der Höchststand der Mitgliedschaften erreichte der Deutsche Gewerkschaftsbund im Jahr 1991. So konnten sie in diesem Jahr über elf Millionen Mitglieder aufweisen. Seitdem sinkt die Zahl der Mitglieder in den DGB Gewerkschaften stetig. Im Jahr 2020 betrug die Mitgliederzahl nur noch 5,8 Millionen. So hat sich dieser Wert in dreißig Jahren halbiert. Ähnliches gilt für den Organisationsgrad. Dieser erreichte 1951 mit 43,2 Prozent seinen Höchstwert. Zwischen 1960 und 1990 betrug er konstant zwischen 29 und 33 Prozent. Von 1990 bis 1991 stieg dieser Wert von 29 auf fast 35 Prozent an (Vgl. Greef 2021). Ursache für den starken Anstieg der Mitgliedschaften war die Entscheidung des DGB die Mitgliedschaften des ehemaligen Freien Deutschen Gewerkschaftsbundes der DDR zu übernehmen (Vgl. Schroeder/ Greef 2020). Ab 1991 sank der Organisationsgrad stetig und betrug im Jahr 2020 nur noch 14,3 Prozent. Im Gegensatz zum allgemeinen Organisationsgrad steigt der Anteil der weiblichen

---

[3] Die Machtressourcentheorie besagt, „dass die Inhalte der Politik durch wirtschaftliche und politische Machtverteilung zwischen gesellschaftlichen Gruppen oder Klassen mit gegensätzlichen Interessen geprägt werden" (Ostheim/ Schmidt 2007, S. 40). In der Forschung werden sechs verschiedene Machtressourcen unterschieden. Diese sind die Organisationskraft, die Konfliktfähigkeit, die Kampfkraft (Mobilisierungsfähigkeit), eine parlamentarische und außerparlamentarische Vertretung, die Regierungsbeteiligung der eigenen oder nahestehender Parteien sowie die Unabhängigkeit vom Markt, vor welchem der Sozialstaat schützt (Vgl. ebd.).

[4] Die Pfadabhängigkeit ist eines der gängigsten sozialwissenschaftlichen Erklärungsmuster. Hierbei werde angenommen, dass Institutionen in ihrem Handlungsrahmen von in der Vergangenheit getroffenen Entscheidungen beschränkt seien. Hierdurch würden die Handlungsmöglichkeiten der Akteure eingeschränkt werden. So beeinflusse diese Historizität maßgeblich den Ausgang von politischen Entscheidungsprozessen (Vgl. Beyer 2006, S. 12).

Gewerkschaftsmitglieder. Dieser lässt sich jedoch vor allem auf einen Rückgang des Anteils der männlichen Mitglieder zurückführen (Vgl. Greef 2021).

Die deutsche Gewerkschaftslandschaft besteht aus zwei Säulen. Die erste Säule bilden die rechtlichen Grundlagen, welche den Rahmen für gewerkschaftliches Handeln prägen. Die andere Säule bildet die Organisation innerhalb der Gewerkschaften. Hierzu gehören sowohl die Mitglieder und ihre zahlenmäßige Entwicklung als auch die Ziele sowie die Verfasstheit der Gewerkschaften. Um das Handeln der Gewerkschaften verstehen zu können, ist es von großer Bedeutung, ihre Ziele zu kennen Diese werden im Anschluss dargelegt. Hiernach wird zuerst die erste Säule, also der rechtliche Rahmen der Gewerkschaften, dargestellt. Nachfolgend wird auf die zweite Säule eingegangen.

3.1. Ziele und Funktionen der Gewerkschaften

Josef Esser beschreibt die Funktionen der deutschen Gewerkschaften und geht auf ihren Wandel ein. Die Gewerkschaften seien das Produkt des historischen Konflikts zwischen dem Kapital und der Arbeit. So führte die „zunehmende Industrialisierung des Kapitalismus zu Machtstrukturen, in denen die Arbeiter und Arbeiterinnen von den Unternehmern in der Regel materiell ausgebeutet und sozial unterdrückt wurden." (Esser 2014, S. 86)

Aus diesem historischen Konflikt lassen sich auch die Funktionen der Gewerkschaften ableiten. Eine dieser Funktionen sei die Genossenschaft. So seien Gewerkschaften genossenschaftliche Organisationen und basierten somit auf gegenseitiger Hilfe. Sie würden ihren Mitgliedern Hilfe bei Krankheit oder Unfällen, Arbeitslosigkeit, Pensionen und Streiks sowie Aussperrungen zur Verfügung stellen. Darüber hinaus böten die Gewerkschaften ihren Mitgliedern Rechtschutz vor Verwaltungsbehörden, Gerichten und den Organen der Sozialversicherungen. Ferner würden Gewerkschaften ihre Mitglieder durch Bildung und Erziehung mit Kursen und Schulungen unterstützen. Um diese Aufgaben erfüllen zu können, verfügten Gewerkschaften über vielfältige Institutionen. Dazu gehörten unter anderem Presseorgane,

Verwaltungen und Versammlungen. Außerdem besäßen sie selbst-
ständige Verbandsgerichte. Diese würden sowohl Auseinandersetzun-
gen zwischen Mitgliedern und dem Verband schlichten sowie zwischen den Mitgliedern und konkurrierenden Gewerkschaften. Die
Vorreiterstellung der Gewerkschaften in diesen Bereichen ließe sich
daran erkennen, dass nahezu alle staatlichen Systeme zum Arbeits-
nachweis oder zur Arbeitslosenversicherung sowie Einrichtungen für
Krankheit und Unfällen von Arbeitnehmern den gewerkschaftlichen
Systemen nachahmen würden (Vgl. Neumann zit. nach Esser 2014, S.
86f.).

Eine weitere Funktion der Gewerkschaften sei die des Kartells. Gewerkschaften hätten die Primärfunktion eines Kampfverbandes. Sie
würden die Absicht verfolgen, den Arbeitsmarkt zu kontrollieren.
Hierfür konfrontierten sie das Kapital mit der „kollektiven Macht der
organisierten Arbeit" (ebd. S. 87). Zu diesem Zweck händelten die
Gewerkschaften mit den Arbeitgebern die Arbeits- und Lohnbedin-
gungen aus oder würden die staatlichen Regelungen kontrollieren, sofern der Staat diese Bedingungen vorgibt. Essenziell für diese Verhandlungen seien Tarifverträge. Diese seien den individuellen Verträ-
gen zwischen Arbeitnehmern und Arbeitgebern vorzuziehen (Vgl.
ebd.). Näheres zu Tarifverträgen folgt im weiteren Verlauf dieser Arbeit.

Eine dritte Funktion von Gewerkschaften sei die politische Arbeit. So
verfolgten Gewerkschaften nicht nur die Dominanz über den Arbeitsmarkt als Ziel, sondern sie schickten sich an zugleich Einfluss auf den
Staat und seine Organe auszuüben. Dies beträfe die staatliche Verwaltung, die Gesetzgebung sowie die Rechtsprechung. Hierzu würden die
Gewerkschaften zum einen auf Möglichkeiten der direkten Teilhabe
an Gesetzgebung, Verwaltungsaufgaben oder Rechtsprechung setzen.
Zum anderen benützten sie Parteien oder parlamentarische Fraktionen,
die ihnen nahestehen, um ihren Einfluss auszuweiten und geltend zu
machen (Vgl. ebd.).

Diese drei Funktionen würden von den Gewerkschaften gleichzeitig
erfüllt. Nichtsdestotrotz unterlägen sie auch einem Wandel. So könne
sich die Priorisierung der drei verschiedenen Funktionen je nach

sozialem, ökonomischem und politischem Umfeld verschieben. Ferner habe auch das theoretische Deutungsmuster über Gewerkschaften einen Einfluss darauf, wie diese ihre Funktionen begreifen und wahrnehmen würden (Vgl. Esser 2014, S. 87).

3.2. Rechtlicher Rahmen deutscher Gewerkschaften

Den rechtlichen Rahmen der deutschen Gewerkschaften bildet vor allem das Grundgesetz. So bildet die in Artikel 9 des Grundgesetzes festgelegte Vereinigungs- und Koalitionsfreiheit das Fundament für Gewerkschaften. Absatz 1 dieses Artikels legt fest, dass alle Deutschen ein Recht auf Vereins- und Gesellschaftsgründung zustehen. Laut Artikel 2 des gleichen Artikels dürfen sich jene Vereinigungen jedoch nicht Strafgesetzen, der Verfassung oder der Völkerverständigung entgegenstellen. Von besonderer Bedeutsamkeit für Gewerkschaften ist Absatz 3. Dieser besagt, dass jedermann, unabhängig von seinem Beruf, das Recht hat Vereinigungen zu bilden, die der „Wahrung und Förderung der Arbeits- und Wirtschaftsbedingungen" (Art. 9 Abs. 3 GG) dienen. Ferner seien Maßnahmen, die dieses Recht einschränken nichtig und rechtswidrig. Ebenso dürfen sich Notstandsmaßnahmen nicht gegen Arbeitskämpfe richten (Vgl. Blanke 2014, S. 176). Laut Blanke sei Art. 9 GG auffallend, das die Tarifautonomie nicht explizit aufgeführt wurde, die Koalitionsfreiheit als Sonderfall der Versammlungs- und Vereinigungsfreiheit geführt werde, sowie dass weder Gewerkschaften noch das Streikrecht als solche genannt würden (Vgl. ebd.). Grundsätzlich stelle die Garantie der Koalitionsfreiheit ein Doppelgrundrecht dar. Es bestehe also sowohl als individuelles als auch als kollektives Freiheitsrecht in der Form eines sozialen Schutzrechtes. Diese Aufgabe der sozialen Schutzfunktion kommt den Koalitionen als Akteure der sozialen Selbstverwaltung in eigener Verantwortung zu. Die Koalitionen seien folglich selbst für die Erreichung ihrer Ziele und den sozialen Schutz ihrer Mitglieder verantwortlich. Um dies erreichen zu können, verfügen sie über die Befugnis der dezentralen Normsetzung (Vgl. ebd. S. 179).

Grundsätzlich kommt Art. 9 Abs. 3 sowohl den Arbeitnehmern als auch den Arbeitgebern zugute. Bei Letzteren wirkt es jedoch nicht als soziales Schutzrecht.

> „Als personales Freiheitsrecht der Arbeitnehmer zur sozialen Selbstorganisation und als soziales Schutzrecht ihrer Koalitionen (Gewerkschaften) zu tarifkartellmäßiger Wettbewerbsbeschränkung soll sie die Machtdisparität zwischen Arbeitnehmern und Arbeitgebern ausgleichen und den Erfordernissen des Berufs- und Persönlichkeitsschutzes der abhängig Beschäftigten zur Geltung verhelfen." (ebd.)

Somit würden Arbeitgebervereinigungen nicht als Gewerkschaften anerkannt. Denn Gewerkschaften seien nur solche tariffähigen Vereinigungen der Arbeitnehmer, die über entsprechende soziale Macht verfügen, um auf Arbeitgeber genug Druck auszuüben (Vgl. ebd.).

Da die Koalitionsfreiheit ein Freiheitsrecht sei, haben Menschen auch das Recht der Koalition fernzubleiben. Die Mitgliedschaft beruhe also auf Freiwilligkeit. Mit der Wahrnehmung dieser negativen Koalitionsfreiheit, könne man von der von der Koalition getroffenen sozialpolitischen Regelungen nicht betroffen sein und von ihren Vorteilen nicht profitieren. Das Recht der Koalition fernzubleiben sei ebenso stark wie das Recht eine Koalition zu bilden oder ihr beizutreten (Vgl. ebd. S. 181). Jedoch herrsche eine Kontroverse darüber, ob und inwieweit die Nichtmitgliedschaft in einer Koalition zur Förderung der Bedingungen der Arbeit und Ökonomie wie in Art. 9 Abs. 3 beschrieben, beitragen könne. Die Auslegung dieser Kontroverse sei dahingehend von großer Bedeutung für die Gewerkschaften, da sie darüber entscheide, ob Errungenschaften der Gewerkschaften wie beispielsweise höhere Löhne, mehr Urlaubstage oder kürzere Arbeitszeiten nur Gewerkschaftsmitgliedern zugutekommen könne (Vgl. ebd. S. 181f.).

Gewerkschaften würden dahingehend also Kartellen ähneln, da sie preisliche Absprachen für den Wert von Arbeit treffen. Das Kartellgesetz, welches Preisabsprachen verbiete, finde bei Gewerkschaften dagegen keine Anwendung, da sie mit der Koalitionsfreiheit ein höheres Rechtsgut schützen (Vgl. Müller-Jentsch 2018, S. 2f.). Arbeit sei ein sehr bedeutsamer Faktor für die Produktion von Waren. Zusammen mit dem Zins als Preis für das Kapital, sei der Lohn bestimmend für die Produktionskosten und somit eine maßgebliche Komponente der ökonomischen Angebotsbedingungen. Des Weiteren stelle der Arbeitslohn die wichtigste Einnahmequelle privater Haushalte dar. So habe die Höhe der Löhne starken Einfluss auf den Wohlstand privater Haushalte und somit auch auf ihr Konsumverhalten. Aus der starken Rolle des privaten Konsums für die gesamtwirtschaftlichen Nachfrage ergäbe sich die besondere Bedeutung der Lohnhöhe für die volkswirtschaftliche Entwicklung (Vgl. Zohlnhöfer/ Düming 2011, S. 38). Die Ergebnisse der Tarifverhandlungen haben also nicht nur Auswirkungen für die Tarifpartner, sondern sind auch von Bedeutung für die ökonomische Entwicklung der Gesellschaft.

„Mit der Koalitionsfreiheit wird auch die Betätigungsfreiheit der Koalition, sprich die eigentliche Tarifautonomie, und mittelbar das Streikrecht garantiert." (ebd. S. 3) Letzteres stellt ein Druckmittel gegen über den Arbeitgebern da, ohne dessen Existenz es vermutlich gar nicht zu Verhandlungen zwischen Arbeitnehmern und Arbeitgebern käme (Vgl. ebd.).

Laut § 1 Abs. 1 des Tarifvertragsgesetzes (TVG) regelt ein Tarifvertrag die Rechte und Pflichten der beteiligten Vertragsparteien. Außerdem sind in ihm die Rechtsnormen enthalten, welche den Inhalt, den Abschluss sowie die Beendigung von Arbeitsverhältnissen festlegen (Vgl. § 1 Abs. 1 TVG). Tarifvertragsparteien können nur Gewerkschaften, Arbeitnehmer oder Arbeitnehmervereinigungen sein (Vgl. § 2 Abs. 1 TVG). Der Staat habe durch die Garantie der Tarifautonomie seine eigene Rechtsetzungszuständigkeit vermindert, um einen Freiraum zu schaffen, den die Tarifparteien in eigener Verantwortung ausfüllen. Die Tarifparteien würden somit über eine große gestalterische Freiheit verfügen, welche durch die historische Erfahrung begründet sei. Auf diese Weise könnten für Arbeitnehmer, Arbeitgeber und das Gemeinwohl die besten Ergebnisse erreicht werden (Vgl. Blanke, S. 181). Durch die Koalitionsfreiheit können die Arbeitnehmer ihrer sozialen Unterlegenheit gegenüber den Arbeitgebern entkommen und erlangen Parität mit diesen. Diese Verhandlungsparität ermöglicht, dass Tarifverträge aus freiem Willen von den Tarifpartnern abgeschlossen werden. Außerdem sorgt sie für einen gleichgroßen Einfluss auf den Ausgang von Tarifverhandlungen. Ziel von Tarifverhandlungen ist somit, die Erreichung eines Fairen Kompromisses zwischen den Interessen der Arbeitnehmer und denen Arbeitgeber (Vgl. ebd. S. 190).

4. Analyse

Wie zuvor aufgezeigt, spielen Gewerkschaften in Deutschland eine wichtige Rolle bei der Bewahrung des sozialen Friedens und dem Interessensausgleich zwischen Arbeitnehmern und Arbeitgebern. Die von ihnen mitverhandelten Tarifverträge haben außerdem einen großen Einfluss auf die volkswirtschaftliche Entwicklung, da sie den Preis für den Produktionsfaktor „Arbeit" festlegen. Im Folgenden werden die Herausforderungen, welche sich die deutschen Gewerkschaften in einer postdemokratischen Gesellschaft stellen müssen, erläutert. Dabei wird zur besseren Einordnung die Unterscheidung zwischen Primärmacht, Organisationsmacht und Institutioneller Macht gebraucht.

Die Basis der Primärmacht der Gewerkschaften seien die Arbeitnehmer an ihrem Arbeitsplatz. Die Primärmacht setze sich aus Faktoren, wie der Qualifikation, der Position im Arbeitsprozess und der gesellschaftlichen Anerkennung des Arbeitsplatzes zusammen (Vgl. Schroeder 2014, S. 22f.). Besetzt ein Arbeitnehmer also eine Schlüsselrolle in einem Betrieb, ohne die die Produktion nicht fortgesetzt werden kann, so würde er über hohe Primärmacht verfügen.
Die Organisationsmacht der Gewerkschaften basiere auf ihren Mitgliedern. Sie werde von Faktoren wie der absoluten und relativen Mitgliederzahl und deren Einsatzbereitschaft, den Fähigkeiten der Funktionäre, das Streikpotenzial sowie finanzieller Möglichkeiten beeinflusst.
Bedeutend für den Erfolg von Gewerkschaften sei ferner die Anerkennung durch das politische System. Diese werde durch die Institutionelle Macht sichergestellt. Institutionelle macht beschreibe, wie sehr Gewerkschaften in das politische System eingebunden seien. Hierbei

würden Faktoren wie die Anerkennung der Tarifverträge, Beteiligung an staatlichen Beratungen und an den Sozialversicherungen, Kontakte zu Ministerien und Parteien und rechtliche Garantien eine Rolle spielen (Vgl. ebd. S. 23-24).

Um auf die Herausforderungen der Gewerkschaften durch Postdemokratisierung schießen zu können, werden zuerst die von Crouch aufgeführten gesellschaftlichen Veränderungen dargelegt. Anschließend werden die daraus folgenden Herausforderungen für Gewerkschaften analysiert. Nachfolgend wird auch auf die Herausforderungen durch postdemokratische Entwicklungen innerhalb der Betriebe und die daraus entstehenden Herausforderungen eingegangen.

4.1. Veränderung der sozialen Klassen

Die Entwicklung zu einer postdemokratischen Gesellschaft kennzeichne sich durch die Veränderung der Zusammensetzung ihrer sozialen Klassen. Crouch beschreibt die Geschichte der Arbeiterklasse und stellt fest, dass es ab der Mitte der 1960er zu einem Rückgang des Bevölkerungsanteils der Arbeiterklasse gekommen sei. Zuerst sei dies in Großbritannien, Skandinavien und Nordamerika, später aber auch in den anderen industrialisierten Ländern geschehen. Grund hierfür sei die wachsende Automatisierung. Sie habe dazu geführt, dass weniger Arbeitskräfte zur Herstellung der gleichen Produktionsmengen benötigt wurden. Damit einhergehend sei die Anzahl der in den Dienstleistungssektoren und administrativen Bereichen angestellten Personen gewachsen. Später sei dieser Prozess durch den Zusammenbruch des produzierenden Gewerbes in den 1980er und dem technologischen Wandel Ende 1990er Jahren beschleunigt wurden. Dies habe zur Folge gehabt, dass die Arbeiterklasse Ende des 20. Jahrhundert im Gegensatz zum Ende des 19. Jahrhunderts nicht mehr die zukunftsprägendste soziale Schicht gewesen sei (Vgl. Crouch 2008 S. 73f.). Diese Entwicklung träfe auf Österreich und Deutschland nur in geringerem Maße zu. Hier bliebe die Anzahl der in der Industrie Beschäftigten im Vergleich stabil. Dennoch habe auch in Deutschland der Anteil der im produzierenden Gewerbe Beschäftigten von 1960 mit 48 Prozent bis 2012 mit 24 Prozent deutlich abgenommen (Vgl. Schroeder 2014, S.

24). Somit sei die Notwendigkeit einer strategischen Neuausrichtung für sozialdemokratische Parteien und Gewerkschaften entfallen (Vgl. Crouch 2008, S. 75). Deshalb wären sie in den 1990ern laut Crouch „resistent gegen jede Form der Innovation oder Anpassung" gewesen (ebd. S. 76).

Neben der Geschichte der sozialen Klasse der Arbeiter beschreibt Crouch auch ein Phänomen, dass er den „fehlende[n] Zusammenhalt der übrigen Klassen" (ebd. S. 76) nennt. Demnach würden sich die historischen Entwicklungen von Freiberuflern, Büroangestellten, Beamten und Angestellten im Finanzsektor unterscheiden. Sie seien historisch different von den Industriearbeitern, da sie über eine höhere Bildung, ein größeres Einkommen sowie angenehmere Arbeitsbedingungen verfügt hätten. Ein Großteil dieser Arbeitnehmer habe eine Identifikation mit den Interessen und Organisationen der klassischen Arbeiterschaft abgelehnt. Ihnen sei es aber auch nicht gelungen, ein eigenes politisches Profil als soziale Klasse herauszubilden (Vgl. ebd. S. 76). Grundsätzlich sei davon auszugehen, dass die meisten Menschen in modernen Demokratien keine eindeutigen sozialen Merkmale mehr aufweisen würden, anhand derer ihre politische Einstellung erkennbar sei (Vgl. Crouch 2021, S.215). Dies zeige sich unter anderem am durchmischten Wahlverhalten. Darauf Bezug nehmend zeige sich die soziale Klasse der Angestellten sehr divers. Eine eindeutige Präferenz, wie ehemals bei den Arbeitern zur Sozialdemokratie, lässt sich bei ihnen nicht feststellen. Die Gewerkschaften sind in diesen Berufsgruppen nur schwach vertreten. Eine Ausnahme hierbei stellen die Angestellten des öffentlichen Dienstes da. Sie seien häufiger gewerkschaftlich organisiert als ihre Kollegen in der Privatwirtschaft (Vgl. Crouch 2008, S. 76). Diese gesellschaftliche Schicht der Angestellten sei privat häufig in Interessensgruppen organisiert. Da sie jedoch über so differenzierte und diverse Interessen verfügten, begegnen sie dem politischen System mit einer Vielzahl heterogener Forderungen. Die Angestellten in der Privatwirtschaft würden sich oft von denen in der öffentlichen Verwaltung unterscheiden. Letztere setzten sich naheliegender Weise stark für den Bestand der öffentlichen Verwaltung ein (Vgl. ebd. S. 77). Laut Crouch spiele das Geschlecht eine ebenso wichtige Rolle für die Hierarchie in Betrieben wie der Unterschied zwischen manuellen und nichtmanuellen Arbeitsplätzen. Demnach steige die Wahrscheinlichkeit für die Besetzung der Position durch eine Frau, je niedriger die Bezahlung, die Ausbildung und die Position eines Jobs im Unternehmen sei (Vgl. ebd. S. 78).

Laut Crouch kann davon ausgegangen werden, dass Spitzenmanager und Freiberufler sich aus eigener Überzeugung für die gleichen politischen Ziele begeistern würden, die das Kapital verfolge. Jedoch bleibe die Frage offen, aus welchem Grund die Angestellten der unteren Ebenen nie eine eigene politische Position entwickelt haben. Dies gelte im speziellen für weibliche Angestellte, die im Gegensatz zu männlichen Industriefacharbeitern nie eigene Forderungen gestellt hätten (Vgl. ebd.). Ursache hierfür sei laut Crouch, dass den unteren Angestellten seit Jahrzehnten von konservativen Kräften weisgemacht werde, ihre Interessen seien mit denen der globalen Unternehmen und der ökonomischen Elite identisch. So sei es den konservativen Parteien gelungen, einen Schulterschluss zwischen der traditionellen Arbeiterschaft und den Angestellten zu verhindern (Vgl. ebd.).

Den Angestellten werde also suggeriert, sie hätten die gleichen politischen und ökonomischen Interessen wie ihre Spitzenmanager, obwohl sie einer ganz anderen sozialen Schicht angehören. Denn nur auf diese Weise könnte es den ökonomischen Eliten in einer Demokratie gelingen, eine Wirtschafts- und Sozialpolitik durchzusetzen, die den Interessen großer Teile der Bevölkerung widerspräche. So gäbe es nur durch Bildung die Möglichkeit, die sozialen Umstände von ihnen und ihren Kindern zu verbessern. Dabei werde jedoch oft vernachlässigt, so Crouch, dass nur eine Minderheit diesen Aufstieg erreichen könne und dies auch nur in Konkurrenz zu anderen. Dennoch würden große Anstrengungen betrieben, das Bildungssystem immer effizienter zu gestalten. Es wird der Eindruck erweckt, als sei es das einzige Instrument gegen soziale Ungerechtigkeit (Vgl. ebd. S. 79). So entspräche das Verhältnis dieser sozialen Schichten, welche durch neue ökonomische Bedingungen entstanden seien, zur Politik denen der postdemokratischen Gesellschaft. Demnach unterlägen besonders die Angestellten der Manipulation, blieben stets inaktiv und verfügten über keinerlei politische Emanzipation. Für die parabelförmige Entwicklung der Demokratie würden sie jedoch keine Verantwortung tragen. Dies

22

sei darin begründet, dass die Angestellten durch ihre geringe Anzahl in der prädemokratischen Phase keine Zeit der politischen Unmündigkeit erfuhren (Vgl. ebd.).

> „Die neuen sozialen Schichten der postindustriellen Gesellschaft, etwa die Beschäftigtengruppen im privaten Dienstleistungssektor, haben keine autonome Identität mehr. Prekär Beschäftigte artikulieren ihre Interessen nicht mehr, wie die alte Arbeiterklasse." (Crouch Interview 2013)

Diese tiefgreifenden gesellschaftlichen Veränderungen führen auf Seiten der Gewerkschaften zu einigen Herausforderungen. Die Gewerkschaften haben ihren historischen Ursprung in der Arbeiterbewegung. Ihre Gründung war ein wichtiger Schritt für die politische und soziale Emanzipation der sozialen Klasse der Arbeiter. Traditionell stellt diese soziale Gruppe das Rückgrat der Gewerkschaften dar. Dies ist unter anderem daran zu erkennen, dass ein Großteil der Gewerkschaftsmitglieder diesem Milieu zuzuordnen ist. Mit dem zahlenmäßigen Rückgang des Arbeitermilieus verlieren die Gewerkschaften ihre wichtigste Gruppe zum Rekrutieren neuer Mitglieder. Auf Grund dessen ist davon auszugehen, dass bei einer fortschreitenden Postdemokratisierung der Gewerkschaft die Mitgliederzahlen sinken. Ein Faktor hierbei ist, dass die Mitgliedschaft in Gewerkschaften, wie bereits dargelegt, auf Freiwilligkeit beruht (Vgl. Art. 9 Abs. 3 GG). Infolgedessen sinkt auch ihr Organisationsgrad. Dieser ist als der Anteil der Mitglieder von Organisationen an der Gruppe, deren Interessen die Organisation vertritt (Vgl. Greef 2021, S. 1). Durch den nun geringeren Organisationsgrad sinkt auch die Legitimität der Gewerkschaften, die Interessen dieser Gruppe zu vertreten. Hierbei wird davon ausgegangen, dass sofern eine Person Interesse hat, dass ihre Meinungen vertreten werden, sie dieser Interessengruppe auch beitritt.

> „Mitgliederentwicklung und Organisationsgerade sind von zentraler Bedeutung für Gewerkschaften, um die sozialen und wirtschaftlichen Interessen der Arbeitnehmerinnen und Arbeitnehmer gegenüber Arbeitgebern und Politik durchzusetzen. Denn die Macht der

Gewerkschaften beruht auf der Mitgliederzahl und den damit verbundenen Mobilisierungspotenzialen." (Wetzel 2014, S. 47)

Dies hat auch Auswirkungen für Tarifverhandlungen. Mit dem Rückgang der traditionellen Arbeiterklasse sinkt auch die institutionelle Arbeitermacht. Diese ist etwas resistent gegen zeitlich beschränkte Einflüsse, da sie vor allem auf der Macht der Gewohnheit beruht. Aus diesem Grund kann sie eine vorübergehend sinkende Organisationsmacht ausgleichen. Da Tarifverhandlungen jedoch auch länger andauern können, kann dieser Ausgleich nicht ausreichend sein. Die Basis für gelungene und faire Tarifverhandlungen ist ein relatives Machtgleichgewicht zwischen Arbeitgebern und Arbeitnehmern beziehungsweise deren Vertretungen. Sollten die Arbeitnehmer es nicht schaffen, ein solches Gleichgewicht herzustellen, „entfallen auf der Kapitalseite die Anreize für Partnerschaften" (Dörre 2008, S. 97). Die Gewerkschaften würden also zunehmend Misserfolge erleiden und an Einfluss verlieren. Infolgedessen wird Politik im Laufe der Zeit zunehmend auf Kosten der Sozialintegration gestaltet, was wiederum potenzielle Gewerkschaftsmitglieder von einer Mitgliedschaft abschrecke (Vgl. ebd.).

Die fehlende Bereitschaft der Gruppe der Angestellten und derer in prekären Beschäftigungsverhältnissen, sich für ihre Interessen einzusetzen, führt bei den Gewerkschaften dazu, dass auch aus diesen Gruppen heraus nur wenig Mitglieder geworben werden können. Langfristig führt dies zu einem starken Rückgang der Mitgliedszahlen. Hieraus können sich zwei Herausforderungen für die Gewerkschaften ergeben. Zum einen seien Gewerkschaften, unabhängig davon, ob sie als korporatistischer Akteur, als soziale Bewegung oder politische Interessensgruppe auftreten in ihrem Einfluss von einer möglichst großen Mitgliederzahl abhängig. So sinke der ausübbare Einfluss in diesen Arenen zusammen mit der Mitgliederzahl (Vgl. Schroeder 2008, S. 232). Als Folge wird es den Gewerkschaften schwerer fallen wird, erfolgreich die Interessen ihrer Mitglieder und ihrer Zielgruppe zu vertreten. Dies wiederum würde zu Zweifeln der Mitglieder am Nutzen der Gewerkschaft führen. Demzufolge ist mit vermehrten Austritten zu rechnen. Dadurch entsteht wiederum eine Verringerung des

24

Einflusses der Gewerkschaften. Es droht also eine Negativspirale, die zu immer geringeren Mitgliederzahlen und sinkendem Einfluss führt.

Das Problem der Mitgliederrekrutierung in den Gruppen der Angestellten und den prekär Beschäftigten wird durch die sogenannte Trittbrettfahrerproblematik noch gesteigert werden. Die Trittbrettfahrerproblematik besteht darin, dass auch Menschen von den Tarifverhandlungen der Gewerkschaften profitieren, die nicht Mitglieder sind. Demnach zahlen sie auch nicht ein Prozent ihres Lohns als Mitgliedsbeitrag. Sie profitieren also von den Mühen anderer, ohne selbst einen Beitrag dazu zu leisten (Vgl. Institut der deutschen Wirtschaft 2019).

Aus den sinkenden Mitgliederzahlen ergibt sich eine weitere Herausforderung. Diese besteht in den Mitgliedsbeiträgen. Durch die sinkenden Mitgliederzahlen sinken auch die Einnahmen durch die Mitgliedsbeiträge. Die Gewerkschaften werden also mit weniger finanziellen Mitteln auskommen müssen, um ihre Funktionen und Ziele zu erfüllen. Es sei denn, sie versuchen die entstandenen Defizite anderweitig zu decken. Hierbei ist denkbar, dass sie die Beiträge für die noch vorhandenen Mitglieder erhöhen. Dies birgt jedoch die Gefahr weiterer Austritte, da die Mitglieder die Kosten der Mitgliedschaft als unproportional zu den Vorteilen der Mitgliedschaft empfinden.

Gewerkschaften sind neben passiven und folgebereiten Mitgliedern auch auf einen möglichst hohen Anteil aktiver und engagierter Mitglieder angewiesen (Vgl. Schroeder 2008, S. 233). Ein weiteres Problem für Gewerkschaften könnte sich aus der Passivität der Angestellten ergeben. In einer postdemokratischen Gesellschaft ist also aus diesem Grund das ehrenamtliche Engagement in Gewerkschaften nicht mehr sichergestellt. Daraus ergibt sich für die Gewerkschaften die Herausforderung, die in der Vergangenheit von Ehrenamtlichen erfüllten Aufgaben zu besetzen. Eine Möglichkeit besteht darin, diese Aufgaben von bezahltem Personal erfüllen zu lassen. Hierfür müssten sicherlich neue Stellen geschaffen werden. Dies würde einen erheblichen Kostenaufwand bedeuten. Eine weitere Möglichkeit besteht darin, in gewisser Weise zu akzeptieren, dass einige Aufgaben nicht erfüllt werden können. Hierunter würden auf Dauer sicherlich die

Funktionen von Gewerkschaften leiden, da diese nicht in gewohntem Umfang erfüllt werden würden.

Durch die Veränderungen in der Zusammensetzung der sozialen Klassen in einer postdemokratischen Gesellschaft ergeben sich große Herausforderungen für die Gewerkschaften. Diese bestehen vor allem darin, dass die Zielgruppe der gewerkschaftlichen Arbeit schwindet und sich neue soziale Gruppen wie die Angestellten nicht gewerkschaftliche Organisationen mobilisieren lassen. Die Folge ist ein Rückgang der Mitgliedschaften in den Gewerkschaften. Dies wiederum führt aufgrund der Mitglieder-Einflusslogik zu rückgängigem Einfluss sowie niederen Einnahmen durch Mitgliedsbeiträge. Dies wiederum stellt die Gewerkschaften vor neue Herausforderungen.

4.2. Internationale Unternehmen

Colin Crouch beschreibt die globalen Unternehmen als „Schlüsselinstitutionen der postdemokratischen Welt" (Crouch 2008, S. 45).

In den 1970er Jahren brach das keynesianische Wirtschaftsverständnis zusammen. Grund dafür sei die Inflationskrise gewesen. Das Vertrauen für die Warenmärkte brach zusammen und die Nachfrage ließ sich nicht mehr steuern. Durch schnellen technologischen Fortschritt, den immer größer werdenden internationalen Wettbewerb und wachsende Ansprüche der Verbraucher, hätten sich die ökonomischen Probleme vergrößert. Infolgedessen seien Unternehmen, die bislang ohne größeres unternehmerisches Geschick operierten, nicht länger wirtschaftlich zu führen gewesen. So stieg die Zahl der Insolvenzen ebenso wie die Arbeitslosenquote (Vgl. ebd. S. 45f.). Die Zeit der Lobbys sei gekommen. „[S]chließlich nimmt man es ernster, wenn sich ein kranker über den Luftzug beschwert, als wenn dies ein Gesunder tut." (ebd. S. 46) Die Unternehmen, die diese Krise überstanden hätten, entwickelten sich zu widerstandsfähigen und zugleich anspruchsvollen Organisationen. Dies habe die widersprüchliche Folge gehabt, dass ihre Belange und Interessen noch mehr Gehör fanden. In einer globalisierten Ökonomie herrsche besonders harter Wettbewerb. Nur die stärksten und härtesten Unternehmen können in einer solchen

Wirtschaft und mit so vielen Konkurrenten bestehen. Doch Laut Crouch zeige sich die Härte der Unternehmen nicht nur gegenüber ihren Mitbewerbern, sondern auch gegen die eigenen Beschäftigten (Vgl. ebd.). Sollte also beispielsweise einem Unternehmen die Steuerpolitik des Landes, in dem es seinen Sitz hat, nicht länger zusprechen, so kann es die Politik durch die Androhung der Verlagerung des Unternehmensstandortes unter Druck setzen. Dadurch würden vor Ort die Arbeitnehmer arbeitslos werden sowie die Einnahmen durch die Unternehmenssteuer sinken, sofern die Unternehmen letztere überhaupt zahlen. Dazu sind sie in der Lage, obwohl die Eigentümer eines solchen Unternehmens in dem Land keine Bürgerrechte besitzen, kein Wahlrecht haben und dort keine Steuern zahlen. Diese hochbezahlten Eliten verfügen also über große Macht, seien gleichzeitig aber niemandem zu Loyalität verpflichtet. Crouch vergleicht die Situation mit dem vorrevolutionären Frankreich. Dort hätten der Monarch und der Adel als einzige alle politischen Rechte besessen, ohne dabei zu Steuerzahlungen verpflichtet gewesen zu sein. Im Unterschied dazu könnten die globalen Unternehmen den Bürgern nicht ihr Wahlrecht verweigern. Sie würden ihren Einfluss dadurch geltend machen, indem sie die Regierung eines Landes aufzeigen, dass sie unter den gegebenen Umständen, wie beispielsweise der Sozial- oder Steuerpolitik, keine Investitionen tätigen werden. Die großen Parteien dieses Landes werden diese Drohungen mitnichten veröffentlichen. Nach Crouch würden sie den Bürgern vom dringenden Reformbedarf des Arbeitsrechts erzählen, um wettbewerbsfähig zu bleiben (Vgl. ebd. S. 47). Die Wähler würden den Parteien dann zustimmen, unabhängig davon, ob sie sich im Klaren seien, dass es sich um ein Deregulierungsprojekt handele oder nicht. Schließlich bleibe ihnen sowieso keine große Wahl. So kann behauptet werden, die Bürger würden solche Deregulierungen auch noch für gutheißen. Neben dem Abbau des Arbeitsrechts, könnten die Firmen auch geringere Unternehmenssteuern fordern, wenn es ihnen beliebe. Wenn die Regierungen dieser Forderung folgen würden, würden die Unternehmen entlastet, und die Steuerlast von denen auf die privaten Steuerzahler übertragen (Vgl. ebd. S. 47f.). Ein Beispiel für diesen Einfluss der wirtschaftlichen Eliten erbrachte Crouch in seinem 2021 veröffentlichten Werk. Demnach sei der durchschnittliche Spitzensteuersatz der OECD-Staaten im Zeitraum von 1981 bis 2010 von 66 auf 42 Prozent gesenkt worden. Im gleichen Zeitraum habe sich ferner die Unternehmenssteuer eben dieser Länder von 47 auf 25 Prozent verringert. Darüber hinaus sei die Besteuerung von Dividenden ebenfalls von 75 auf 42 Prozent gesunken (Vgl. Crouch 2021, S. 45). Um die Wähler dennoch zufriedenzustellen, überbieten sich die Parteien während der Wahlkämpfe gegenseitig mit Steuersenkungsversprechen. Die Partei, welche den geringsten Steuersatz biete, schaffe es in die Regierung. Als Folge der gesunkenen Steuern würden die öffentlichen Dienstleistungen gekürzt werden und verlören an Qualität. Doch durch die Wahlen kann behauptet werden, dass dies der Wille der Wähler sei. Schließlich sei alles durch demokratische Verfahren beschlossen worden. Crouch warnt jedoch zugleich davor, diesen Entwicklungen zu viel Bedeutung zu schenken. So sei es nicht der Fall, dass Kapital uneingeschränkt und unkontrolliert tun kann, was es möchte (Vgl. Crouch 2008, S. 48). Das Machtpotenzial der globalen Unternehmen und Banken habe sich in der Finanzkrise 2008 gezeigt. Hier hätte der Einfluss der ökonomischen und politischen Eliten die Demokratie untergraben. Dies sei ihnen zum einen durch den Lobbyismus gelungen, der sich bereits vor der Krise den nötigen Einfluss gesichert hatte. Zum anderen sei dies durch die Priorisierung der Interessen der Banken geschehen (Vgl. Crouch 2021, S. 71). So sei die wesentliche Folge der Krise ein sinkender Lebensstandard eines Großteils der Bevölkerung gewesen. Hierdurch sei ein Gefühl der Unsicherheit gegenüber dem Finanzmarkt entstanden. Die Arbeitslosigkeit sank zwar nach einer Zeit wieder, jedoch seien viele der neuen Jobs durch schlechtere Arbeitsbedingungen gekennzeichnet. Ferner hätten in den meisten Ländern die Menschen mit geringem und mittlerem Einkommen die Hauptlast der Krise getragen, da der Sozialstaat die Folgen für die Ärmsten dämpfte. Die Menschen, die über Wohlstand verfügten, seien nach zwei Jahren, in denen sie sich anpassen mussten, zum Großteil ohne Probleme der Krise entkommen (Vgl. ebd. S. 87).

Der aufgezeigte steigende Einfluss der globalen Unternehmen auf Parteien sowie Regierungen stellt die Gewerkschaften vor große Herausforderungen. So würden „sich die Machtverhältnisse zwischen zivilgesellschaftlichen Gruppen und [Wirtschafts-] Lobbyisten" im Sinne der als systemrelevant betrachteten Unternehmen verschieben (ebd. S. 68). Wie erläutert, verfügen die Unternehmen in einer postdemokratischen Gesellschaft über ein großes Drohpotential. Dieses wird besonders durch die Option des Standortwechsels ermöglicht. Diese Drohung beruht auf zwei Folgen eines Standortwechsels. Zum einen würden Steuereinnahmen durch den Verlust eines Unternehmenssteuerzahlers sinken. Zum anderen würde bei einem Standortwechsel Arbeitsplätze verloren gehen oder verschoben werden. Dies führt zu einem Anstieg der Arbeitslosenquote. Damit einhergehen erhöhte Sozialausgaben des Staates. Um mit diesem Drohpotential der globalen Unternehmen konkurrieren zu können, müssen Gewerkschaften verstärkt um Einfluss ringen. Durch dieses enorme Drohpotential gegenüber Politik und Gewerkschaften wird es den Gewerkschaften immer schwerer fallen, die Interessen ihrer Mitglieder erfolgreich zu vertreten. Diese Interessen bestünden, wie bereits dargelegt, in der Arbeits- und Sozialpolitik, der Arbeitssicherheit und der politischen Mitbestimmung. Besonders die Kartellfunktion der Gewerkschaften könnte unter einer solchen Entwicklung leiden (Vgl. Neumann zit. nach Esser 2014, S. 87).

Durch die große Stärke der globalen Unternehmen kann das Machtgleichgewicht zwischen den Tarifpartnern zu Lasten der Arbeitnehmer ins Ungleichgewicht geraten. Dies würde bedeuten, dass bei zukünftigen Tarifverhandlungen die Unternehmer über ein stärkeres Drohpotenzial als die Gewerkschaften verfügen. Grundlage für erfolgreiche und ausgeglichene Tarifverhandlungen ist jedoch ein Machtgleichgewicht, das sich aus dem jeweiligen Drohpotenzial zwischen Arbeitgebern und Arbeitnehmern oder ihren jeweiligen Vertretern ergibt. Als Folge des entstandenen Machtungleichgewichts werden die Ergebnisse der Verhandlungen zu Gunsten der Arbeitgeber ausfallen. Sollten die Gewerkschaften also an Einfluss verlieren und es ihnen nicht mehr gelingen, die Interessen ihrer Mitglieder erfolgreich zu vertreten, könnte dies auch Zweifel an ihrer Legitimität aufkommen lassen. So werden die Mitglieder der Gewerkschaften an deren Sinnhaftigkeit zweifeln und sich fragen, ob sich der erhobene Mitgliederbeitrag lohnt. Kommen sie zu dem Schluss, dass sich die Entrichtung dieses Beitrages nicht lohnt, da ihre Interessen nicht erfolgreich durch Gewerkschaften vertreten werden, werden sie aus der Gewerkschaft austreten. Dies führt wiederum zu sinkenden Mitgliederzahlen und folglich auch geringerer Legitimität der Gewerkschaften. Hierdurch verlieren sie ebenfalls an Einfluss. Dies liegt darin begründet, dass die absoluten und relativen Mitgliederzahlen einen wichtigen Faktor für die Organisationsmacht darstellen. So basiert die Stärke einer Gewerkschaft „an erster Stelle auf ihrer eigenen Organisationsmacht" (Schroeder 2014, S. 23).

Der wachsende Einfluss der globalen Unternehmen könnte sich auch in den korporatistischen Zusammenschlüssen zeigen. Nach Esser seien diese „korporatistischen Verbundsysteme zwischen Staat und Wirtschaftsverbänden als Erfolgreiche Strategien zur Erhaltung politischer Stabilität auf der bundesrepublikanischen Tagesordnung" (Esser 2014, S. 94). Gewerkschaften sind im korporatistischen System auf der Meso-Ebene miteingebunden. Hier verhandeln sie mit Unternehmen und anderen politischen Akteuren (Vgl. ebd.). Nach Süllow kennzeichnen sich korporatistische Strukturen der Interessensvermittlung im Wesentlichen durch fünf Aspekte. Erstens handelt es sich bei korporatistischer Interessensvermittlung um organisierte und geregelte Prozesse. Sie sind demnach ein institutionalisiertes Instrument der Willensbildung sowie Entscheidungsfindung. Zweitens ist die selektive Beteiligung an korporatistischen Gremien Ausdruck der Macht- und Einflussoptionen der teilnehmenden Akteure. So werden Akteure mit geringem Einfluss nicht an solchen Gremien beteiligt. Der Zweck von korporatistischen Strukturen ist es, zwischen den verschiedenen Akteuren und ihren Interessen zu vermitteln. Es gilt also einen Kompromiss oder einen Konsens zu erreichen. Die teilnehmenden Interessensverbände gelangen durch ihre Partizipation öffentliche Anerkennung und Status und übernehmen politische Verantwortung. Zu guter Letzt profitieren sowohl der Staat als auch die beteiligten Verbände durch die korporatistische Zusammenarbeit. Der Staat erfüllt dadurch seine Steuerungsaufgaben und die Verbände können ihrem Anspruch als Interessensvertreter gerecht werden (Vgl. Süllow

1982, S. 36).[5] Grundlage für liberale Korporatismusstrukturen seien die im Grundgesetz verankerte Vereinigungsfreiheit, die Koalitionsfreiheit sowie die Verbandsautonomie (Vgl. Heinze 1981:2, S. 139).

Ein weiterer Aspekt könnte die internationale Konkurrenz der Gewerkschaften oder Arbeitnehmervertretungen sein. Durch das bereits dargelegte Drohpotenzial der Unternehmen, ihre Produktionsstandorte zu verlagern, geraten die Arbeiter und Angestellten und deren Interessensvertretungen in Konkurrenz mit denen in anderen Staaten. Durch die Möglichkeit der Betriebsstättenverlagerung geraten die Gewerkschaften möglicherweise unter Druck, den Forderungen der Unternehmen nach günstigeren Tarifverträgen oder ähnlichen Regularien entgegenzukommen. Dies liegt darin begründet, dass sie sonst fürchten müssten, dass ihre Mitglieder aufgrund der drohenden Betriebsstättenverlagerung ihren Arbeitsplatz zu verlieren. Sie könnten also in das Denkmuster verfallen, dass schlechtere Arbeitsplätze besser seien als gar keine oder bedeutend weniger Arbeitsplätze. Lässt sich eine Gewerkschaft im Ausland auf solche Verträge ein, weil dort beispielsweise die Lebenshaltungskosten oder der Lebensstandard geringer ist, könnte dies die anderen Gewerkschaften in anderen Ländern unter Druck setzen, ihre Standards und Anforderungen ebenfalls zu senken, um in gewisser Weise konkurrenzfähig zu bleiben.

Durch den dargestellten wachsenden politischen Einfluss der globalen Unternehmen, könnten diese so viel Druck auf die politischen Entscheidungsträger ausüben, dass die Gewerkschaften in den korporatistischen Systemen nicht mehr zur Geltung kommen. Ferner könnten die Gewerkschaften durch ihren Mitgliederschwund und damit einhergehenden Einflussverlust nicht länger als angemessener Verhandlungspartner in korporatistischen Zusammenschlüssen gelten. Nach Esser würden die korporatistischen Zusammenschlüsse der

---

[5] Weiterführendes zu korporatistischer Beteiligung von Gewerkschaften bei Bernd Süllow (Vgl. Süllow 1982) oder Rolf Heinze (Vgl. Heinze 1981:2). Eine Studie zu Verbänden in staatsnahen Gremien wurde von Jonas Gebert veröffentlicht. Demnach stünde weniger die Interessensdurchsetzung als die Informationsbeschaffung im Fokus der Interessensverbände (Vgl. Gobert 2014).

Sozialverträglichkeit von Strukturwandeln, Problemlösung, welche durch technische und wissenschaftliche Neuerungen eintreten, sowie der Sicherung von Arbeit, Ausbildung und der Wettbewerbsfähigkeit (Vgl. ebd.). Sollten Gewerkschaften an diesen Gremien nicht mehr beteiligt werden oder kein Gehör mehr finden, droht, dass die Interessen der Arbeitnehmer nicht vertreten werden und Entscheidungen nur zu Gunsten der ökomischen Entwicklung der Unternehmen getroffen werden. Bezieht man dies auf die von Schroeder aufgeführten Machtformen, so bedeutet dies einen Rückgang der Institutionellen Macht. Ein Beispiel für eine solche Entwicklung stellen die arbeitsmarkpolitischen Entscheidungen der der rot-grünen Regierung in den Jahren 2002-2005 dar. Hier war zu beobachten, dass die Gewerkschaften kaum Gehör fanden (Vgl. Schroeder 2014, S. 23f.).

4.3. Veränderungen der Parteienlandschaft

Crouch beschreibt die Organisationsebenen von demokratischen Parteien als konzentrische Kreise. Deren Mittelpunkt würden demnach die Parteiführung mit ihrem Beraterstab bilden. Um sie herum seien die Abgeordneten der Parlamente den nächsten Kreis, gefolgt von den aktiven Parteimitgliedern und anschließend die passiven Mitglieder und so weiter. Den größten und äußersten Kreis würden die Menschen formieren, die die Zielgruppe der Partei darstellen. Die Funktion der mittleren Kreise bestehe darin, zwischen Parteispitze und der Zielgruppe zu vermitteln. Von besonderer Bedeutung sei dieses Modell für Arbeiterparteien (Vgl. Crouch 2008, S. 91). Demokratische Organisationen, die über eine solche Kreisstruktur verfügen würden, erfuhren immer dann innere Probleme, wenn die Parteiführung glaube, dass die aktiven Mitglieder nicht repräsentativ für die Wählerschaft seien. Dies werde noch gesteigert, wenn Parteiführung erkenne, dass die Stammwählerschaft nicht ausreichte, um Wahlsiege erzielen zu können (Vgl. ebd. S. 92f.). Die Parteien würden, wenn die Wähler sie nicht aufgrund ihrer Klassen- oder Religionszugehörigkeit unterstützten Wähler außerhalb ihres ursprünglichen Klientels suchen (Vgl. Crouch 2021, S. 217). Wenn die Partei dann auf Gruppen zugehe, die nicht Teil ihres Kreismodells sind, käme es zu Konflikten (Vgl. Crouch 2008, S. 92f.).

Der Erfolg und Einflussgewinn der großen Unternehmen und die Veränderungen der Klassenstrukturen hätten zu einem einschneidenden Wandel im Kreismodell der Parteien geführt. Darüber hinaus käme es noch zu Veränderungen durch den Anstieg der Lobby- und Beratertätigkeiten. Laut Crouch werde durch diese Einflüsse aus dem Kreis der Parteispitze eine Ellipse geformt. Verantwortlich dafür seien jene, die primär aus Karrieregründen Parteiarbeit leisten. Um diese Karriere zu erreichen, arbeiteten sie mit Lobbyisten von Unternehmen zusammen, die versuchen würden, Einfluss auf die Politik auszuüben. „Verbindungen zum Regierungspersonal können für Unternehmen, die sich davon Gewinne versprechen, lebensnotwendig sein" (ebd. S. 94). Dies gelte im Besonderen für Unternehmen, die Dienstleistungen für den öffentlichen Dienst anbieten. So würden Vertreter dieser Firmen in Ausschüssen oder anderen Gremien mitarbeiten und berieten die Regierungen und Parteien. Folglich erweitere sich die Ellipse von der Parteispitze immer weiter aus und schließe bald auch andere Eliten ein. Diese Entwicklung sei bei allen demokratischen Parteien festzustellen, stelle jedoch sozialdemokratische Parteien vor größere Herausforderungen als andere. Der Grund hierfür sei, dass die Zielgruppe und die Mitgliederbasis sozialdemokratischer Parteien weiter von diesen Eliten entfernt sei als es bei bürgerlichen und konservativen Parteien der Fall sei. Hinzu käme noch, dass die Zielgruppe der sozialdemokratischen Parteien, nämlich die Arbeiterschaft, immer kleiner werde. Die aktiven Parteimitglieder, deren Funktion die Vermittlung zwischen Wählerschaft und Parteispitze sei, verlöre an Bedeutung, als die Stammwählerschaft sich verkleinerte. Um dem Problem der schrumpfenden Wählerschaft zu entgehen, hätten die Parteien Experten engagiert, die sie in PR-Angelegenheiten beraten sollten. „Die Meinungen der Menschen wurden top down, also von oben, erforscht, die Menschen an der Basis blieben dabei passiv; eigenständige Initiativen dieser Gruppe spielten kaum eine Rolle" (ebd. S. 95).

Die Sozialdemokratischen Parteien würden sich in ihrer Ausrichtung immer weiter von ihrer ursprünglichen Zielgruppe entfernen, nämlich der traditionellen Arbeiterschaft. Dies läge darin begründet, dass diese

Zielgruppe immer kleiner werde und somit weniger Potenzial für Wahlsiege bürge. Folglich müsse die Sozialdemokratie andere inhaltliche Themen besetzen, die nicht im Interesse der Arbeiterschaft seien oder diesen sogar widerspräche. Folglich würden die sozialdemokratischen Parteien auch Stimmen aus ihrer ursprünglichen Zielgruppe verlieren.

> „Postdemokratisch ist dieses Modell insofern, als es auf Meinungsforschung und die politische Arbeit von Experten setzt, was typisch ist für die heutige Zeit; und vordemokratisch ist es, weil es einzelnen Unternehmen und kommerziellen Interessen einen privilegierten Zugang zur Politik gewährt. Die Spannungen innerhalb der heutigen Mitte-Links-Parteien sind die Spannungen der Postdemokratie selbst. Daß [sic!] es nicht gelungen ist, die neuen postindustriellen Klassen zu mobilisieren, führt zu einer eigenartigen Allianz aus traditionellen Stammwählern und neuen Geldgebern." (ebd. S. 99f.)

Die Gewerkschaften und die Sozialdemokratie in Deutschland teilen sich dieselben historischen Wurzeln. Aus diesem Grund besaßen Gewerkschaften lange Zeit guten Zugang zur SPD, aber auch in geringerem Maße zu den Unionsparteien. So würden Gewerkschaftsmitglieder überdurchschnittlich oft die SPD wählen und diese teils auch aktiv unterstützen. Außerdem sei etwa jedes dritte SPD-Mitglied auch gewerkschaftlich organisiert. Die Mehrheit der sozialdemokratischen Gewerkschaftsmitglieder sei im öffentlichen Dienst angestellt (Vgl. Schroeder 2008, S. 235). Durch sie waren die Gewerkschaften sehr eng mit den politischen Institutionen verbunden und arbeiteten in korporatistischen Gremien zusammen. Dieser Einfluss der Gewerkschaften nimmt jedoch ab, da sich die Parteien von ihnen distanzieren. Dies wird durch einen Rückgang der korporatistischen Zusammenarbeit verstärkt. So haben die Gewerkschaften einen Bedeutungsverlust zu beklagen (Vgl. Neusser 2010, S. 97). Ein wesentlicher Grund für die Entfremdung von SPD und Gewerkschaften liegt in der „Agenda 2010", welche 2003 unter der SPD eingeführt wurde. Dies stellte einen Paradigmenwechsel in der Arbeitsmarktpolitik dar (Vgl. Walwai 2017). „Die Partei entfernte sich dadurch vom Sozialstaatskonsens,

34

der zuvor […] die Grundüberzeugung von Gewerkschaften und SPD" war (Neusser 2010, S.103). So sei mit der Bundestagswahl 1990 der Anteil der gewerkschaftlich organisierten SPD-Abgeordneten von mehr als 90 Prozent auf 74 Prozent gesunken. Mit der Bundestagswahl 2005 sei dieser Wert noch weiter auf 59 Prozent gesunken. Mit Ausnahme der (damaligen) PDS sei diese Entwicklung für alle Fraktionen zutreffend gewesen. Jedoch würde sich der Einflussverlust nicht nur in diesen Zahlen widerspiegeln. Denn auch die emotionale Verbindung der Abgeordneten zu den Gewerkschaften sei rückläufig. So hätten besonders jüngere Abgeordnete keine Erfahrungen mit den Gewerkschaften gemacht und seien anders sozialisiert worden (Vgl. Schoeder 2008, S. 235f.).

Durch die Abwendung der SPD von den Gewerkschaften, stehen diese vor einigen Herausforderungen. Eine dieser Herausforderungen ist es, dass dadurch den Gewerkschaften die direkte Verbindung in die Parlamente fehlt. Dies wurde in der Vergangenheit durch die zahlhaften personellen Überschneidungen zwischen der Partei und der Gewerkschaft sichergestellt (Vgl. Neusser 2010, S.100). Hierdurch leidet zum einen der Einfluss der Gewerkschaften auf die Abgeordneten und damit auch auf die Gesetzgebung. Zum anderen reduziert sich aber auch die Möglichkeit Informationen aus Regierungs- und Parlamentskreisen zu gewinnen. Bezogen auf die Machtressourcen von Gewerkschaften würde dies einen klaren Rückgang der institutionellen Macht bedeuten (Vgl. Schroeder 2014, S. 24). Die bereits erwähnte „Agenda 2010" kann als Beispiel dienen, wie sich ein sinkender Gewerkschaftseinfluss im Parlament auswirken könnte.

Ein weiteres Problem für die Gewerkschaften durch den Rückgang der institutionellen Macht könnte sich aus den korporatistischen Strukturen ergeben. Wie bereits dargelegt, werden nur jene Akteure in diese Strukturen integriert, die als einflussreich gelten. Durch den Rückgang des Einflusses auf die Abgeordneten des Bundestages könnten diese den Eindruck erlangen, die Gewerkschaften seien nicht länger ein entscheidender Akteur für die Gestaltung der Wirtschafts-, Arbeits-, und Sozialpolitik. Aus diesem Grund könnten sie in Zukunft nicht mehr als Partner für korporatistische Gremien in Frage kommen. Die Folge davon wäre, dass die Gewerkschaften bedeutend weniger Einfluss auf

die Gesetzgebung und die Ergebnisse korporatistischer Entscheidungsfindung hätten. Hierdurch würden die Interessen ihres Klientels
weniger Berücksichtigung finden. Außerdem würde die institutionelle
Macht noch weiter sinken.

4.4. Öffentliche Leistungen

Laut Crouch waren die Schaffung des öffentlichen Dienstes sowie des
Wohlfahrtstaats während des 20. Jahrhunderts ein wichtiger Teil der
Demokratisierung. In Deutschland sei dies das direkte Ergebnis des
Einsatzes für demokratische Partizipation gewesen. So sei die Einführung des Wohlfahrstaats in Deutschland ein Mittel gewesen, um die
demokratische Bewegung zu besänftigen. Später seien die Effektivität
des öffentlichen Sektors eng mit dem Status der sozialen Rechte der
Bürger verknüpft gewesen. In modernen kapitalistischen Staaten hätten zwei Systeme nebeneinander bestanden. Zum einen der Staat, der
sich um die Forderungen und Rechte der Bürger kümmere, zum anderen der Markt. Fast überall hätte sich die Überzeugung durchgesetzt,
dass die Rechte der Bürger vor den Kräften des Marktes geschützt
werden müssten. So galt es ein System zu entwickeln, welches es ver-
mochte, die Ungleichheiten des kapitalistischen Marktes auszuglei-
chen und die sozialen und politischen Rechte der Bürger zu schützen
(Vgl. Crouch 2008, S. 101). Jedoch könnten die Gegensätze zwischen
egalitärer Demokratie und den Zwängen des Kapitalismus niemals
gänzlich beseitigt werden. Es hätte jedoch vielversprechende Kompromisse gegeben. Heute würden jedoch Wirtschaftslobbyisten die
Frage stellen, ob sich nicht auch mit dem Sozialstaat und öffentlichen
Leistungen Geld verdienen könne. So könnten doch auch Schulen und
Krankenhäuser kommerzialisiert werden (Vgl. ebd. S. 102). Die Kommerzialisierung beruht dabei auf der Ansicht, dass sich die Qualität
der öffentlichen Leistungen durch eine stärkere Marktausrichtung
steigern ließe (Vgl. ebd. S. 103). Auf diese Weise könnte der Kapitalismus seinen Zugriffsbereich vergrößern und wachsen. Durch ein solches Vorgehen seien in der Vergangenheit die meisten politischen
Konflikte entstanden. So hätte der Kapitalismus seien Einflussbereich
vergrößern wollen und dies hätten verschiedene Interessensgruppen

unterbinden sollen. Hieraus seien Kompromisse entstanden, zu denen der Arbeitsfreie Sonntag gehöre (Vgl. ebd. S. 104).

Bei dem Begehren den Einflussbereich des Kapitalismus zu erweitern, werde jedoch außer Acht gelassen, dass dieser nur ein Mittel darstelle, um ein Ziel zu erreichen. So sei der Markt kein Zweck für sich allein (Vgl. ebd. S. 108). So sei denkbar, dass der Markt nicht alle Aspekte bei der Beurteilung eines Gutes beachtet oder dass die Qualität des Gutes unter einer Kommerzialisierung leiden würde (Vgl. ebd. S. 109). Diese Güter beziehungsweise Leistungen des Wohlfahrtsstaats würden schulische Bildung, Fürsorge im Fall von Krankheit und Bedürftigkeit sowie eine gewisse finanzielle Absicherung im Alter, bei Arbeitslosigkeit oder der Erwerbsunfähigkeit umfassen (Vgl. ebd. S. 105).

Eben diese öffentlichen Leistungen liegen im Interessenbereich der Gewerkschaften (Neumann zit. nach Esser, S. 86f). Sollten diese Bereiche zunehmend privatisiert und nach ökonomischen Belangen restrukturiert werden, droht wie aufgezeigt ein Qualitätsverlust (Vgl. Crouch 2008, S. 109). Für den DGB sind der öffentliche Dienst und Lebensqualität miteinander verknüpft. Er lehnt einen sogenannten Minimalstaat ab. So würde der Markt weder soziale Gerechtigkeit noch soziale Sicherheit aus sich selbst heraus erzeugen. Für den DGB stellt die kommunale Selbstverwaltung eine Grundlage des demokratischen Staatsgebildes dar. Die Gewerkschaften würden einen gerechten Wettbewerb zwischen privaten und öffentlichen Dienstleistern befürworten, sofern vorher die Bürger eindeutige Qualitätsstandards festgelegt hätten. Diese Standards sollten dem Gemeinwohl und der Rechtsstaatlichkeit entsprechen sowie sozial- und umweltverträglich sein. Über ihre Einhaltung und Kontrolle müsste ein öffentliches Gremium wachen (Vgl. Deutscher Gewerkschaftsbund 1996, S. 22). Die Gewerkschaft für Beamte und Angestellte des öffentlichen Dienstes stellt sich ebenfalls der Privatisierung und Kommerzialisierung entgegen. Sie fordern gar eine Rekommunalisierung (Vgl. Komba Gewerkschaft).

Die Privatisierung und Kommerzialisierung des öffentlichen Dienstes widersprechen also den Zielen der Gewerkschaften. Diese stehen somit im direkten Konflikt mit den postdemokratischen Tendenzen, den Wirkbereich des Kapitalismus immer weiter auszubauen. Fraglich ist, ob es den Gewerkschaften gelingen kann, dem wachsenden Einfluss global agierender Unternehmen in diesem Bereich etwas entgegenzusetzen. Die dargelegte Schwäche der Gewerkschaften trifft also auf die wachsende Macht und den Einfluss der Unternehmen und ihrer Lobbyisten.

4.5. Postdemokratisierung der industriellen Bürgerrechte

Ulrich Brinkmann und Oliver Nachtwey untersuchen in ihrer Arbeit „Postdemokratie und Industrial Citizenship", ob sich Crouchs These der Postdemokratisierung der Gesellschaft auch anhand industrieller Beziehungen feststellen lässt. Hierzu verknüpfen sie die Thesen von Colin Crouch mit dem Konzept der Industrial Citizenship von Thomas Marshall (Vgl. Brinkmann/ Nachtwey 2017, S.12). Demnach bedeuten postdemokratische industrielle Beziehungen nicht, dass betriebliche Mitbestimmung durch die Beschäftigten verschwinden, sondern dass diese Mitbestimmung als Institution zwar formal bestehen bleibe, sie „erodiert aber endogen" (ebd. S. 8). In Deutschland würden die Möglichkeiten der Mitbestimmung in den Betrieben und die Tarifautonomie sowohl als Gegenstand der demokratischen Partizipation, als auch als positiver Einfluss für die soziale Marktwirtschaft verstanden. Somit sei die Mitbestimmung in den Unternehmen ein wichtiger Teil der Kompromissfindung und der Legitimation der Sozialordnung der Gesellschaft (Vgl. ebd. S. 7). Um eine Postdemokratisierung der industriellen Beziehungen feststellen zu können, unternahmen die Autoren quantitative Studien sowie Fallstudien in den Branchen Automobilindustrie, Lebensmittelverarbeitung, Einzelhandel sowie Telekommunikation (Vgl. ebd.).

Brinkmann und Nachtwey kommen zu dem Ergebnis, dass sich die Veränderungen der industriellen Beziehungen mit dem Begriff postdemokratisch beschreiben lasse. So werde soziale Ungleichheit in betrieblichen Mitbestimmungsgremien immer schwächer repräsentiert.

Ein Beispiel dafür stelle die Situation der Leiharbeiter da. Die Anstellung als Leiharbeiter sei im Vergleich zur Stammbelegschaft durch einen geringeren sozialen Status und insbesondere auch Lohnunterschiede gekennzeichnet. Für den Entleihbetrieb werde der Leiharbeiter in der Buchhaltung als „betriebliches Sachmittel" (ebd. S. 31) geführt. Aufgrund der prekären Arbeitsverhältnisse und meist auch der Lebenslage sowie der mangelnden Integration in dem Entleihbetrieb fiele es Leiharbeitern schwieriger, sich zu organisieren und ihre Interessen im Betrieb zu vertreten. Ferner würde durch die Aufhebung des Synchronisationsverbots und der Regelung zur Überlassungsdauer der Kündigungsschutz von Leiharbeitern weiter untergraben und ihr dauerhafter Einsatz im Entleihunternehmen ermöglicht werden. Als Folge dessen würden Leiharbeiter nicht nur für Nebentätigen in den Unternehmen eingesetzt, sondern seien ein wichtiger Bestandteil der Produktionsabläufe geworden (Vgl. ebd. S. 31f.).

Darüber hinaus habe sich die Anzahl der Leiharbeiter in der Industrie vervielfacht. Ermöglicht sei diese Entwicklung durch das Gesetz für moderne Dienstleistungen am Arbeitsmarkt, auch Hartz I genannt. Auch die Tarifverträge der Leiharbeiter fielen im betrieblichen Vergleich schlechter aus als die der Stammbelegschaft. Diese tarifliche Benachteiligung sei ferner ein Kennzeichen der schlechteren Partizipationsmöglichkeiten der Leiharbeiter, da sie die schwächere Verhandlungsposition der Leiharbeiter abbilden würde. Im Grunde handele es sich um einen „systematischen Ausschluss einzelner Beschäftigungsgruppen von einem einst erzielten Rechte- und Absicherungsniveau" (ebd. S. 32).

Die Autoren verwenden den Begriff „demos" und meinen damit die Betriebsangehörigen, die der Betriebsrat vertreten soll, aus dem er hervorgehe und die ihn wählen können. Durch den Wandel der Beschäftigungsverhältnisse habe sich dieser „demos" gewandelt. Mit der Novellierung des Betriebsverfassungsgesetzes 2001 seien die Mitbestimmungsrechte von Arbeitnehmern, die nicht in Vollzeit angestellt sind, gestärkt worden. Diese Stärkung gelte jedoch nicht für Leiharbeiter. Sie gelten weiterhin nicht als Beschäftigte des Betriebes, in dem sie ihre Tätigkeiten verrichten. Die Leiharbeiter erhielten, sofern sie drei Monate dem Betrieb angehören, das aktive Wahlrecht, das passive Wahlrecht bleibt ihnen jedoch weiterhin verwehrt. So könnten sie ihren Betriebsrat wählen, jedoch selbst nicht gewählt werden (Vgl. ebd. S. 34). Zwar seien immer mehr Leiharbeiter länger als drei Monate in einem Entleihbetrieb, jedoch trifft dies längst nicht auf die Mehrheit der Leiharbeiter zu. So konnten 2010 circa 27 Prozent der Leiharbeiter nicht an Betriebsratswahlen im Entleihunternehmen partizipieren. Außerdem hätten 2010 fast eine Million Leiharbeiter nicht zu Betriebsratswahlen antreten können. Hinzu käme, dass Leiharbeiter die länger als drei Monate in einem Betrieb tätig sind, oft nicht im dortigen Wählerverzeichnis aufgenommen wurden und so nicht wählen könnten, obwohl es ihnen rechtlich zustehen würde (Vgl. ebd. S. 35).

Eine weitere Auswirkung von Leiharbeit sei das entstehende Repräsentationsdefizit. Zu diesem kommt es, da die Mittel der Betriebsräte rückgängig sind, trotz gleichbleibender Anzahl an Beschäftigten, die sie vertreten müssen. Die Größe eines Betriebsrats richte sich nach der Anzahl der Beschäftigten. Da Leiharbeiter jedoch nicht als Betriebsangehörige gelten würden, werden sie in der Berechnung der Betriebsratsgröße nicht berücksichtigt. So führe der Einsatz von Leiharbeitern in den Entleihunternehmen häufig zu einem Mandatsmanko. Als Folge dessen würden die Ressourcen des Betriebsrats sinken (Vgl. ebd.). Ihre Untersuchung ergab, dass 2007 23,4 Prozent der befragten Unternehmen einen größeren Betriebsrat hätten, wenn die Leiharbeiter zu dessen Berechnung mitberücksichtigt worden wären (Vgl. ebd. S. 36).

Laut Crouch sei das deutsche System der demokratischen Teilhabe in den Betrieben nach wie vor funktionsfähig und lebendig. Allerdings stellt Crouch auch fest, dass es in immer weniger Sektoren Anwendung finde. Neue Sektoren und die wachsende Zahl der Kleinbetriebe würden nicht von diesem System erfasst werden. Ferner löse das System der Teilhabe Arbeitnehmer und der Betriebsräte nicht die Sorgen und Nöte der prekären Beschäftigten und entspräche selten den Ansprüchen junger Menschen (Vgl. Crouch Interview 2013).

Die Betriebsräte sind für Gewerkschaften aus mehreren Gründen von großer Bedeutung. So seien 70 bis 80 Prozent der Betriebs- und

Personalräte Gewerkschaftsmitglieder. Auf diese Weise sei es den Gewerkschaften gelungen, trotz fehlender direkten Zugangs zu den Betriebsräten eine enge Beziehung zu bewahren (Vgl. Schroeder Greef 2020). Durch diese personellen Überschneidungen haben die Gewerkschaften einen gewissen Einfluss auf die Betriebspolitik der Unternehmen. So bestünden häufig enge Beziehungen zwischen den Betriebsräten und den Gewerkschaftsvertretern. Zum anderen würden die Betriebsräte bei der Rekrutierung von Mitgliedern eine zentrale Rolle für die Gewerkschaften spielen (Vgl. Meyer 2010, S. 278).

In Bezug auf die Unterminierung der Betriebsräte durch den Einsatz von Leiharbeitern und der Zersplitterung der Betriebsstätten und Unternehmensstrukturen ergeben sich für die Gewerkschaften einige Herausforderungen. Zum einen verlieren die Gewerkschaften einen wichtigen Zugang zu möglichen Mitgliedern. Hieraus ergibt sich die Gefahr, dass die Rekrutierung neuer Mitglieder immer schwieriger wird und somit die Mitgliederzahlen noch weiter sinken. Dies bedeutet sinkende Organisationsmacht und somit zugleich einen Einflussverlust. Zum anderen bedeutet eine Unterminierung der Betriebsräte zugleich auch, dass die Interessen der Arbeitnehmer nicht mehr durch institutionalisierte Vertretung berücksichtigt werden. Die Gewerkschaften verlieren also eine Möglichkeit, auf die Unternehmensentscheidungen und die Betriebswirkung einzuwirken. Wie dargelegt stellen die Betriebsräte einen Faktor der Institutionellen Macht der Gewerkschaften dar. Daher sind die Anerkennung der Unternehmen und die Einbindung in die Entscheidungsverfahren von großer Bedeutung für die Gewerkschaften.

Brinkmann und Nachtwey vertreten die These, dass neben den Einsatz von Leiharbeit, Werkverträge ebenfalls einen Einfluss auf die demokratische Entscheidungsfindung in den Unternehmen hätte. So würde der Einsatz von Werkverträgen die Leiharbeit in vielen Bereichen ersetzen, nachdem es den Gewerkschaften 2010 gelungen sei, diese weniger lukrativ zu machen. So sei der Einsatz von Werkverträgen ebenso Teil der Marktzentrierung der Unternehmensstrukturen. Demnach würden sich die Unternehmen die Frage stellen, ob sie Produkte oder Dienstleistungen selbst übernehmen oder von außen einkaufen sollten (Vgl. Brinkmann/ Nachtwey 2017, S. 42).

„Für Fragen der Mitbestimmung sind dagegen jene Fremdfirmen-Werkverträge von Interesse, die von einem Unternehmen vergeben werden, um einen Teil der unternehmensinternen Tätigkeiten auszulagern" (ebd. S. 43). So sei der strategische Einsatz von Werkverträgen geprägt durch Auslagerung von Kernaspekten des Geschäftsbereichs der Unternehmen. Hierbei hätten sie ähnliche Funktionen wie die Leiharbeit, nämlich die Kosteneinsparung sowie die Externalisierung von Geschäftsrisiken. Dies geschehe durch die Umwandlung von Personal- in Sachkosten (Vgl. ebd. S. 44).

Hieraus folgten für die Angestellten der Werkvertragsunternehmen und die Soloselbstständigen Werkvertragsnehmer in den Einsatzunternehmen partizipative Defizite. Dies liege darin begründet, dass sie kein Mitglied des Betriebes seien, der sie beauftragt hat. Somit sei der Betriebsrat nicht für sie zuständig. So stünden den Werkvertragsarbeitnehmern keine Befugnisse der Betriebsverfassung zu. Jedoch bestünden besonders bei Einsätzen welche direkt bei den Werkbestellern stattfinden großer Kontakt zum Stammpersonal und ihren Interessen. So sei auch der Betriebsrat des Werkbestellers indirekt von den Auswirkungen der Werkverträge betroffen. Darüber hinaus führe ein sogenannter Onsite-Einsatz zu einer verstärkten Heterogenisierung der Belegschaft. Diese setze sich demnach nun aus der Stammbelegschaft, den Angestellten der Werkvertragsnehmer sowie unter Umständen den Leiharbeitern zusammen. Dies stelle die Betriebsräte der Entleihunternehmen vor besondere Herausforderungen, da sich durch die Werkverträge ein Mehraufwand ergeben würde (Vgl. ebd. S. 44f.).

Trotz der zahlreichen diagnostizierten Krisen des Tarifsystems geht die Forschung davon aus, dass dieses System als Institution stabil sei. So würden die im Tarifvertragsgesetz und Betriebsverfassungsgesetz festgelegten Bedingungen eine hohe Dauerhaftigkeit aufweisen. Jedoch sei institutionelle Stabilität kein Ausdruck von florierender Demokratie. So könnten die Institutionen stabil bleiben, während gleichzeitig die Demokratie zerbröckelt. Genau dies sei der Vorteil der Postdemokratiethese.

> „Unter institutionell stabilen Bedingungen kann eine signifikante Aushöhlung, oder, wie wir es nennen würden, ein beträchtlicher Drift zwischen Regulation und

Legitimation stattfinden. Die postdemokratische Tendenz in der Tarifarena liegt nach unserer Analyse in der Geltungsabnahme der legitimierten tariflichen Normen und der Zunahme der informellen betrieblichen Regulation." (ebd. S. 60)

Zu diesen informellen Fällen von Abweichungen gehöre auch die Nichteinhaltung der Tarifverträge. So würden beispielsweise im Zuständigkeitsbereich der IG Metall einige tarifgebundene Unternehmen die Regulierungen systematisch brechen. So würden besonders bei der Arbeitszeit die Normen missbraucht werden. Jedoch könnten viele Akteure der betrieblichen Mitbestimmung gegen diese Brüche des Tarifvertrags aufgrund deren Informalität nur bedingt vorgehen. Oft würden betriebliche Ziele wichtiger sein als die Einhaltung des Tarifvertrags (Vgl. ebd. S. 60f.).

Dass die Zerteilung der Betriebsstrukturen und der Einsatz von Leiharbeit zu Sorgen bei der Belegschaft führt, zeigt der Warnstreik bei Airbus. Das Unternehmen möchte seine Struktur aufspalten und zwei neue Tochterunternehmer gründen und bisherige Unternehmensbereiche an diese ausgliedern. Die Mitarbeiter und Gewerkschaften fürchten, dass die Arbeitsbedingungen in diesen Tochterunternehmen schlechter sein könnten als bei Airbus selbst. Außerdem haben sie Sorge davor, dass diese Tochterunternehmen zu einem späteren Zeitpunkt verkauft werden könnten. Die Mitarbeiter fürchten also um ihre Arbeitsplätze. Zum einen zeigt dieser Fall, dass die Postdemokratisierung der industriellen Arbeitsplätze großen Einfluss auf die Arbeitnehmer und ihre finanzielle Sicherheit hat. Zum anderen ist jedoch auch zu erkennen, dass Arbeitnehmer und Gewerkschaften dem nicht hilflos gegenüberstehen (Vgl. NDR 2021).

Die Postdemokratisierung der demokratischen Mitbestimmung entsteht also durch einen massiven Einsatz von Leiharbeit und Werkverträgen sowie der Zerstückelung und Aufgliederung der Unternehmensstrukturen. Diese haben zum einen Auswirkungen auf die betroffenen Leiharbeiter und Werkvertragsangestellten. Sie haben einen Mangel an Mitbestimmungs- und Partizipationsmöglichkeiten zu verzeichnen. Dies trifft besonders dann zu, wenn sie Arbeiten und

Aufgaben übernehmen, die dem Kerngeschäft des Entleihbetriebs oder des Werkvertragsgeber sehr nah sind. So besitzen Leiharbeiter wie dargelegt kein passives Wahlrecht bei Betriebsversammlungen und werden häufig auch gar nicht zu Wahlen geladen. Da sich der Betriebsrat in seiner Größe nach der Anzahl der Beschäftigten orientiert, geriet er in Schwierigkeiten. Dies liegt darin begründet, dass die Anzahl der Beschäftigten durch den Einsatz von Leiharbeit und Werksverträgen reduziert werden kann. Für die Unternehmen hat dies den Vorteil, dass sie ihre Geschäftsrisiken in einem gewissen Maße an die Leiharbeitsfirmen oder Werkvertragsnehmer verlagern können. Somit können die Unternehmen ihre Kosten flexibler gestalten, da Leiharbeiter und Werkvertragsnehmer nicht als Beschäftigte gelten und somit auch nicht wie diese geschützt sind.

5. Fazit

Die Herausforderungen der Gewerkschaften lassen sich gut an ihren Zielen und den Möglichkeiten ihrer Umsetzung herleiten. Dadurch besteht für sie die Gefahr, dass sie ihren Zielen und Funktionen nicht mehr ausreichend nachkommen kann. Dies hat häufig mit den Mitteln zu tun, die die Gewerkschaften zur Umsetzung ihrer Funktionen und Ziele benötigen. Viele der Herausforderungen bestehen also in einer Veränderung der Mittel und Ressourcen, die den Gewerkschaften für ihre Arbeit zur Verfügung stehen. Wie dargestellt, stellen die institutionelle, die organisatorische sowie die Primärmacht wichtige Ressourcen zur Durchsetzung ihrer Ziele und Funktionen dar. So beziehen sich die Herausforderungen, welche durch eine Postdemokratisierung entstehen, auch sehr stark auf diese Machtformen. Ferner scheint die Mitgliederentwicklung und der damit einhergehende Organisationsgrad eine herausragende Rolle für die Einflussoptionen von Gewerkschaften zu spielen.

Die Postdemokratisierung der Gesellschaft stellt die Gewerkschaften also vor einige Herausforderungen. Die ergeben sich aus dem wachsenden Einfluss der globalen Unternehmen, den Veränderungen in der Gesellschaftsstruktur und der Parteienlandschaft sowie der

Postdemokratisierung der industriellen Arbeitsbeziehungen und den Folgen für die öffentliche Verwaltung und den öffentlichen Dienst.

Durch die Veränderung der Gesellschaftsstruktur droht den Gewerkschaften ein starker Rückgang der Mitgliedschaften. Die Ursache dafür liegt zum einen darin, dass die klassische Klientel der Gewerkschaften, nämlich die traditionelle Arbeiterschaft immer kleiner wird. Im Gegensatz dazu wächst der Bevölkerungsanteil der Angestellten. Diese gesellschaftliche Gruppe ist jedoch durch ihre Passivität gekennzeichnet. Sie setzen sich kaum für ihre eigenen Interessen ein und stehen den Gewerkschaften zum Teil sogar ablehnend gegenüber, da sie sich von der Arbeiterschaft abgrenzen möchten. Dies ist unter anderem in der unterschiedlichen Geschichte dieser sozialen Gruppen begründet.

Die Herausforderungen der Gewerkschaft durch die Rolle der Internationalen Unternehmen ergeben sich aus dem wachsenden Einfluss dieser Unternehmen. Durch ihren enormen Wirtschaftsrat und die Möglichkeit ihre Standorte zu verlegen verfügen sie über ein großes Drohpotenzial gegenüber Politik und Gewerkschaften. Mit der Drohung, ihre Produktionsstandorte in andere Länder mit für sie günstigeren Lohn- und Steuerbedingungen zu verlegen können sie Regierungen unter Druck setzen, ihre Wirtschafts- und Sozialpolitik im Interesse der Unternehmen und der ökonomischen Elite zu ändern. Diese Drohung basiert auf der Sorge, dass durch den Standortswechsel vor Ort der Arbeitslosigkeit. Mit ihr würden die Steuereinnahmen sinken und die Sozialausgaben steigen. Außerdem würde dem Fiskus Einnahmen aus der Unternehmenssteuer entgehen. Die Herausforderung für die Gewerkschaften besteht also darin, zum einen die Unternehmen von einem Standortwechsel abzuhalten. Zum anderen müssen die Gewerkschaften versuchen, die Höhe der Löhne und die Sozialausgaben des Staates gegen das Interesse der globalen Unternehmen zu verteidigen.

Die aufgezeigten Veränderungen in der Parteienlandschaft birgt für die Gewerkschaft die Herausforderung, dass sie den engen Kontakt zur SPD verlieren könnte. Dies liegt einerseits darin begründet, dass sich die SPD programmatisch von den Gewerkschaften entfernt hat.

Andererseits sind aber auch immer weniger sozialdemokratische Parlamentarier zugleich Mitglieder in einer Gewerkschaft. Ihnen fehlt daher die persönliche Erfahrung im Zusammenhang mit Gewerkschaften. Aus der Abkehr der SPD ergibt sich für die Gewerkschaften die Gefahr, an Einfluss auf die Gesetzgebung zu verlieren und eine wichtige Quelle für Informationen aus den Parlaments- und Regierungskreisen zu verlieren.

Diese Herausforderungen bestehen also im Wesentlichen aus zwei großen Aspekten. Zum einen droht ein massiver Mitgliederschwund. Dieser ist Resultat gleich mehrerer Entwicklungen. Hierzu gehören die Veränderungen der gesellschaftlichen Klassen mit einem starken Rückgang der klassischen Arbeiterschaft. Da diese die wichtigste Rekrutierungsquelle der Gewerkschaften darstellt, droht in Zukunft ein Mitgliederrückgang. Aber auch die zunehmende Passivität besonders der Angestellten, führt dazu, dass die Gewerkschaften unter Schwierigkeiten bei der Mitgliederrekrutierung leiden würden.

Wichtig ist zu betonen, dass ein zu befürchtender Rückgang der Mitgliederzahlen der Gewerkschaften nicht nur an sich einen Einflussverlust bedeuten würde, sondern dass der Mitgliederrückgang selbst auch wiederum Auswirkungen hätte. Mit dem Rückgang der Mitgliedszahlen sinkt auch der Organisationsgrad. Beides sind wichtige Quellen der Legitimation zur Interessensvertretung der Gewerkschaften. Außerdem ist zu erwähnen, dass der Einflussverlust durch den Rückgang der Mitgliedschaften dazu führen würde, dass die Gewerkschaften die Interessen ihrer Mitglieder nicht mehr so effektiv vertreten könnten. Ferner droht, dass die Verhandlungspartner der Gewerkschaften, also die Arbeitgeber, Arbeitgeberverbände oder staatliche Akteure in korporatistischen Gremien die Gewerkschaften nicht länger als gleichwertig empfinden.

Durch die Postdemokratisierung der Mitbestimmungsmöglichkeiten von Arbeitnehmern in den Betrieben entstehen für die Gewerkschaften Herausforderungen, welche sich ebenfalls auf die Mitgliedsrekrutierung, sowie auf die Einflussnahme und Interessensvertretung in den Betrieben bezieht. Durch die Zergliederung der Unternehmensstrukturen, wie aktuell bei Airbus, sowie den Einsatz von Leiharbeit und

Werksverträge fallen die Betriebsräte in der Zahl ihrer Mitglieder immer geringer aus. Dies geschieht jedoch bei gleichbleibenden oder sogar wachsenden Anforderungen und Arbeitsaufwand der Betriebsratsmitglieder. Hierdurch verlieren die Gewerkschaften ihren direkten Einfluss auf die Entscheidungsfindung in den Betrieben. Außerdem sind die Betriebsräte eine wichtige Quelle der Mitgliedsrekrutierung. Diese droht mit dem Rückgang des Einflusses von Betriebsräten droht also auch eine Herausforderung, neue Mitglieder zu rekrutieren.

Die deutschen Gewerkschaften lehnen eine Kommerzialisierung des öffentlichen Dienstes und der von ihm erbrachten Leistungen strikt ab. Hier stehen die Gewerkschaften in einem direkten Konflikt mit den Interessen des Kapitals, das seinen Einflussbereich ausweiten möchte. Dies betrifft besonders die Gewerkschaften des öffentlichen Dienstes und des Gesundheitsbereichs, da eine Privatisierung ihre Mitglieder direkt betreffen würde. Die Privatisierung oder Kommerzialisierung von öffentlichen Leistungen birgt ferner die Gefahr, dass die Leistungen einen Qualitätsverlust erleiden. Gilt dies auch für die Leistungen des Wohlfahrtsstaates, so beträfe das den Kernbereich gewerkschaftlicher Interessen. Die, wie dargestellt problembehafteten Gewerkschaften stehen mit den immer stärker an Einfluss gewinnenden Unternehmen in direktem Konflikt.

Wie Colin Crouch in seinem kürzlich erschienen Werk feststellte, hat die Postdemokratisierung noch weiter zugenommen. Spannend bleibt, wie sich dies in Zukunft entwickelt und ob die anstehende Bundestagswahl und anschließende Regierungsbildung darauf einen Einfluss haben werden. Außerdem bleibt abzuwarten, wie sich das Verhältnis zwischen den Gewerkschaften und der SPD entwickelt, besonders unter einem sozialdemokratischen Bundeskanzler. Ferner gilt abzuwarten, wie sich die Gewerkschaften bei einer fortschreitenden Postdemokratisierung verhalten und wie sie mit den aufgezeigten Herausforderungen umgehen werden.

6. Literatur

Beyer, Jürgen: Pfadabhängigkeit - Über institutionelle Kontinuität, anfällige Stabilität und fundamentalen Wandel; in: Schriften aus dem Max-Planck-Institut für Gesellschaftsforschung, Band 56; Frankfurt am Main 2006.

Blanke, Thomas: Koalitionsfreiheit und Tarifautonomie: rechtliche Grundlagen und Rahmenbedingungen der Gewerkschaften in Deutschland; in: Handbuch Gewerkschaften in Deutschland, Hrsg. von Wolfgang Schroeder, Wiesbaden 2014, S. 173-204.

Blühdorn, Ingolfur: Simulative Demokratie, Neue Politik nach der postdemokratischen Wende; Berlin 2013.

Brinkmann, Ulrich; Nachtwey, Oliver: Postdemokratie, Mitbestimmung und industrielle Bürgerrechte; In: Politische Vierteljahreshefte 54. Jg. 3/2013, S. 506-533.

Brinkmann, Ulrich; Nachtwey, Oliver: Postdemokratie und Industrial Citizenship, Erosionsprozesse von Demokratie und Mitbestimmung; Weinheim 2017.

Crouch, Colin: Postdemokratie; Frankfurt am Main 2008.

Crouch, Colin: Postdemokratie revisited; Berlin 2021.

Dörre, Klaus: Postdemokratie und Gewerkschaften: zur Organizing-Debatte; in: Widerspruch: Beiträge zu sozialistischer Politik, Band 28 (2008) Nr. 55; S.95-109.

Eberl, Oliver; Salomon, David: Soziale Demokratie in der Postdemokratie; in: Perspektiven sozialer Demokratie in der Postdemokratie, Hrsg. von Oliver Eberl, David Salomon; Wiesbaden 2017; S. 1-18.

Esser, Josef: Funktionen und Funktionswandel der Gewerkschaften in Deutschland; in: Handbuch Gewerkschaften in Deutschland, Hrsg. von Wolfgang Schroeder; Wiesbaden 2014, S. 85-105.

Gobert, Jonas: Verbände in Staatsnahen Gremien, Die politische Soziologie der funktionalen Repräsentation; Frankfurt am Main 2014.

Heinze, Rolf: Verbändepolitik und „Neokorporatismus", Zur politischen Soziologie organisierter Interessen; Opladen 1981.

Heinze, Rolf: Neokorporatistische Strategien in Politikarenen und die Herausforderung durch neue Konfliktpotenziale; in: Neokorporatismus, Hrsg. von Ulrich von Alemann; Frankfurt am Main 1981; S. 137-157.

Helms, Ludger: Ist die Bundesrepublik eine „Post-Demokratie"? Eine Analyse am Schnittpunkt von Demokratieforschung und Vergleichender Regierungslehre; in: Zeitschrift für Staats- und Europawissenschaften (ZSE); Ausg. 8, Nr. 2 (2010); Bader-Baden 2010; S: 202-227.

Presse- und Informationsamt der Bundesregierung: Grundgesetz, Stand: April 2019; Hrsg. von Presse- und Informationsamt der Bundesregierung; Berlin 2019.

Reese-Schäfer, Walther: Politische Theorie der Gegenwart in achtzehn Modellen, in: Lehr- und Handbücher der Politikwissenschaft, Hrsg. von Arno Mohr; München 2012.

Schroeder, Wolfgang: Gewerkschaften im Transformationsprozess: Herausforderungen, Strategien und Machtressourcen; in: Handbuch Gewerkschaften in Deutschland, Hrsg. von Wolfgang Schroeder; Wiesbaden 2014.

Schroeder, Wolfgang: SPD und Gewerkschaften: Vom Wandel einer privilegierten Partnerschaft; in: WSI Mitteilungen 05/ 2008, S. 231-237.

Meyer, Dorit: Organisierung von Zeitarbeitern; in: Staat und Zivilgesellschaft 241; Gewerkschaften und die Politik der Erneuerung – Und sie bewegen sich doch, Hrsg. von Samuel Greef, Viktoria Klaas, Wolfgang Schroeder, Hans-Böckler-Stiftung; Düsseldorf 2010; S. 263-288.

Müller-Jentsch, Walther: Tarifautonomie, Über die Ordnung des Arbeitsmarktes durch Tarifverträge; Wiesbaden 2018.

Neusser, Christian: Situativer Lobbyismus im Fünfparteiensystem, in: Staat und Zivilgesellschaft 241; Gewerkschaften und die Politik der Erneuerung – Und sie bewegen sich doch, Hrsg. von Samuel Greef, Viktoria Klaas, Wolfgang Schroeder; Hans-Böckler-Stiftung, Düsseldorf 2010; S. 97-118.

Süllow, Bernd: Korporative Repräsentation der Gewerkschaften, Zur institutionellen Verbandsbeteiligung in öffentlichen Gremien; Frankfurt am Main 1982.

Wetzel, Detlef: Die Mitgliederoffensive: kopernikanische Wende in der deutschen Gewerkschaftspolitik; in: Handbuch Gewerkschaften in Deutschland, Hrsg. von Wolfgang Schroeder; Wiesbaden 2014, S. 47-55.

Zohlnhöfer, Reimut; Düming, Kathrin: Politik und Wirtschaft; München 2011.

Ostheim, Tobias; Schmidt, Manfred: Die Machtressourcentheorie; in: Der Wohlfahrtsstaat; Hrsg. von Manfred Schmidt et al.; Wiesbaden 2007.

6.1. Internetquellen

Bundesamt für Justiz und Verbraucherschutz: Tarifvertragsgesetz; abrufbar unter: https://www.gesetze-im-internet.de/tvg/ (07.08.2021).

Bundeswahlleiter: Wahlbeteiligung bei den Bundestagswahlen in Deutschland von 1949 bis 2017; in: Statista; abrufbar unter: https://de.statista.com/statistik/daten/studie/2274/umfrage/entwicklung-der-wahlbeteiligung-bei-bundestagswahlen-seit-1949/ (15.09.2021).

Crouch, Colin: Die Demokratie braucht die Gewerkschaft; Interview 2013; abrufbar unter: https://www.boeckler.de/de/magazin-mitbestimmung-2744-die-demokratie-braucht-die-gewerkschaften-5298.html (03.08.2021).

Deutscher Gewerkschaftsbund: Die Zukunft gestalten – Grundsatz-programm; Hrsg. von Deutscher Gewerkschaftsbund; 1996, abrufbar unter: https://www.dgb.de/themen/++co++article-mediapool-a9fa09863177d704d888ed62e1ae6fc5 (28.08.2021).

Greef, Samuel (2021): DGB-Gewerkschaften in Zahlen, 2021; in: Bits & Pieces – Online; abrufbar unter: https://www.samuel-greef.de/ge-werkschaften (30.08.2021).

Institut der deutschen Wirtschaft: Gewerkschaften haben ein Tritt-brettfahrer-Problem; 02.01.2019; abrufbar unter: https://www.iwd.de/artikel/viel-gefuehl-wenig-einsatz-414701/ (05.09.2021).

Komba Gewerkschaft: Unsere Ziele, abrufbar unter: https://www.komba.de/orgastruktur-komba-bund/ueber-uns-bund/ziele.html (14.09.2021).

NDR: Proteste gegen Umbaupläne: Warnstreik bei Airbus, 17.09.2021; abrufbar unter: https://www.ndr.de/nachrichten/ham-burg/Protest-gegen-Umbauplaene-Warnstreik-bei-Airbus-,air-bus1792.html (18.09.2021).

Schroeder, Wolfgang; Greef, Samuel: Unternehmerverbände und Ge-werkschaften – Mitgliederstand und verbandspolitische Reichweite; 20.05.2020; abgerufen unter: http://www.bpb.de/geschichte/deutsche-einheit/lange-wege-der-deutschen-einheit/309846/unternehmerverba-ende-und-gewerkschaften (27.06.2021).

Walwai, Ulrich: Agenda 2010 und Arbeitsmarkt: Eine Bilanz, Bun-deszentrale für Politische Bildung, 2017; abrufbar unter: https://www.bpb.de/apuz/250663/agenda-2010-und-arbeitsmarkt-eine-bilanz (23.08.2021).